Sardinien

Mithra Omidvar-Gorter

Sardinien

50 ausgewählte Tageswanderungen
an den Küsten und in den Bergen Sardiniens

Mit 78 Farbfotos,
50 Wanderkärtchen im Maßstab 1: 25 000, 1: 50 000 und 1: 75 000
sowie vier Übersichtskärtchen im Maßstab 1: 1 300 000

BERGVERLAG RUDOLF ROTHER GMBH • MÜNCHEN

Umschlagbild:
Rast oberhalb der sichelförmigen Cala Luna (Touren 32 und 33).

Bild gegenüber dem Titel (Seite 2):
Am Capo Testa – von Bucht zu Bucht (Tour 48).

Sämtliche Fotos von der Autorin

Kartographie:
Wanderkärtchen im Maßstab 1: 25 000 / 1: 50 000 / 1: 75 000
und Übersichtskärtchen gezeichnet von
Ingenieurbüro für Kartographie Heidi Schmalfuß, München

1. Auflage 1994

ISBN 3-7633-4023-8

Gesamtherstellung Rother Druck GmbH, München (2407 / 41036)

BERGVERLAG ROTHER
D-80637 München • Landshuter Allee 49 • Tel. (089) 122130-10

Vorwort

Bekannt wegen seiner zauberhaften Buchten und Strände und der sauberen Gewässer, die die Insel umspülen, zählt Sardinien zu den beliebtesten Badeinseln des westlichen Mittelmeeres. Das Landesinnere jedoch erwachte erst vor wenigen Jahren aus seinem Dornröschenschlaf: Die Auswanderungswelle vor allem der Nachkriegsjahre hat dazu geführt, daß manches Gebirgsdorf dem Verfall preisgegeben ist – die Land- und Weidewirtschaft liegen zudem häufig brach.
Wandern in den paradiesisch verwilderten Gebirgen Sardiniens ist Abenteuer pur – und das nur einen Katzensprung vom europäischen Festland entfernt. Beinahe selbst ein Kontinent, spart die Insel nicht an beispiellos vielfältigen und kontrastreichen Berglandschaften. Sie überrascht immer wieder mit neuen Aspekten, die von der zerklüfteten Steilküste im Osten über das majestätische Hochgebirge im Zentrum bis zu der sanften Hügellandschaft im Westen reichen; ganz zu schweigen von den üppigen Waldregionen im Süden und den bizarren Granitgebirgen des Nordens. Daß die Insel gebirgig ist, stößt bei »Sardinien-Neulingen« schon auf Verwunderung. Daß dort ungezählte Möglichkeiten auf Bergsteiger und Wanderer lauern, scheint exotisch. Und genau das ist es: Sardinien für einen Bergurlaub zu bereisen, ist ein völlig neues Erlebnis. Großer Höhen kann sich die Insel zwar nicht rühmen – das Gennargentu-Massiv kulminiert in der 1833 m hohen Punta La Marmora und ist nur an wenigen Tagen des Jahres verschneit. Aber Sardiniens Gebirge bieten ganz andere Spezialitäten: Es sind die tiefen, gewundenen Schluchten, deren Begehung hohe Ansprüche an den Wanderer stellt – »Torrentismo« ist das Zauberwort, das immer mehr an Beliebtheit gewinnt. Höhlenforscher finden in der »Unterwelt« der karstigen Landschaft ungeahnte Formen. Und so manche Steilwand wartet noch auf ihre Erstbegehung – Kletterer haben die Qual der Wahl zwischen Granit, Kalk und Basalt! Doch die genußvollen Wanderungen und Abenteuertouren inmitten der abwechslungsreichen Landschaft sind das i-Tüpfelchen aller bergsportlichen Aktivitäten auf Sardinien. Um allen Ansprüchen gerecht zu werden, halten sich bei der Routenauswahl leichte und sportliche Wanderungen die Waage. Jedoch: Vor Überraschungen ist der Wanderer niemals gefeit: Hier ein neues Wasserrohr, dort eine neue Straße, Barrieren durch wuchernde Macchia, Zäune, die Forstgelände abriegeln, Feuerschneisen, die ganze Routen wegfressen. Und keiner denkt an die Wanderer! Deshalb meine große Bitte: Lassen Sie dem Verlag eventuelle Korrekturhinweise zukommen.
In der exotischen Bergwelt Sardiniens werden Sie rasch Kontakt zur äußerst herzlichen Landbevölkerung finden – jedenfalls wünsche ich Ihnen ähnlich erfreuliche Begegnungen, wie ich sie fortwährend erleben durfte.

München, im Sommer 1994 — Mithra Omidvar-Gorter

Inhaltsverzeichnis

Vorwort 5
Touristische Hinweise 9
Wandern auf Sardinien 13
Informationen und Adressen von A – Z 16

Der Süden 20
1 Sette Fratelli 22
2 Maidopistal 24
3 Capo Spartivento – Monte sa Guardia Manna 26
4 Sentiero Genna Strinta – Pepi Meloni 28
5 Monte Lattias 30
6 Punta San Michele 34
7 Tempio di Antas 36
8 Monte Lisone 38
9 Monte Corongiu 'e Muvronis 40
10 Punta Piscina Irgas 42
11 Oridda-Schlucht und Piscina Irgas 44
12 Punta Perda de sa Mesa 46
13 Punta Cammedda 48
14 Monte Arcuentu 50
15 Monte Arcuentu, Gratüberschreitung 52

Der Westen 54
16 Monte Arci 56
17 Die Giara 60
18 Capo San Marco 64
19 Die Sinisklippen 66
20 Capo Mannu, Rundwanderung 68
21 Montiferru 70
22 Monte Santu Padre 72
23 Bolótana, Rundwanderung 74
24 Rocca Pischinale 76

Der Osten 78
25 Monte Tisiddu 82
26 Pizzu Margiani Pobusa 84
27 Punta La Marmora 86
28 Monte Oro 88
29 Punta Giradili 90
30 Bacu Maore 94
31 Cala Goloritzé 96

32 Cala Sisine – Cala Luna ... 98
33 Codula di Luna ... 102
34 Höhle von Tiscali ... 104
35 Gola de Gorropu ... 106
36 Punta Sos Nidos ... 108
37 Monte Corrasi ... 110
38 Punta Cusidore ... 112
39 Punta Catirina ... 114
40 Punta Ferulargiu ... 116
41 Punta Cupetti ... 118

Der Norden ... 120
42 Monte Lerno ... 122
43 Monte Maggiore ... 124
44 Punta Palemonti ... 126
45 Monte Limbara ... 128
46 Türme von San Pantaleo ... 130
47 Monte Pino ... 132
48 Capo Testa, Umrundung ... 134
49 Torre della Pegna ... 138
50 Punta Argentiera ... 140

Stichwortverzeichnis ... 142

Wanderungen in unwegsamem Gelände machen nur Spaß, wenn man trittsicher ist (hier im Aufstieg zur Punta Cusidore, Tour 38).

Touristische Hinweise

Zum Gebrauch des Führers

Die Wanderungen sind entsprechend der Himmelsrichtungen in vier geographische Gebiete eingeteilt. Jedes Gebiet ist in einem Vorspann erläutert. Die Tourenvorschläge bestehen aus einem Informationsteil, einer kurzen Charakterisierung der durchwanderten Landschaft und der Tourenbeschreibung. Die farbigen Wanderkärtchen sind mit einem Routeneintrag versehen. Im Stichwortverzeichnis am Schluß sind alle behandelten Berge, Ausgangspunkte, Orte und Etappenziele angeführt. Auf der Umschlagrückseite informiert eine Übersichtskarte über die Lage der Wanderziele.

Anforderungen

Die Wanderungen sind bislang nur zu einem Drittel markiert. Ein gutes Orientierungsvermögen ist deshalb eine der wichtigsten Voraussetzungen, die der Wanderer auf Sardinien mitbringen sollte. Zahlreiche Routen verlaufen aber auch auf deutlichen Pfaden, Wegen oder Forststraßen und stellen so keine Orientierungsprobleme dar. In der Tourenbeschreibung wird im einzelnen auf die Passagen hingewiesen, die besondere Aufmerksamkeit erfordern. Je nach Jahreszeit und Wetter können die Bedingungen erschwert werden. In den Sommermonaten ist die Hitze nicht zu unterschätzen und kann hohe Anforderungen an den Wanderer stellen. Zur besseren Einschätzung der jeweiligen Schwierigkeiten wurden die Nummern der Tourenvorschläge farbig markiert. Diese Farben erklären sich wie folgt:

BLAU

Diese Wege sind entweder markiert oder von der Orientierung her leicht. Sie sind relativ gefahrlos zu begehen und mäßig steil, somit auch von Kindern und älteren Leuten gut begehbar.

ROT

Diese Wanderungen sind zum Teil markiert und verlaufen in der Regel auf Steigen und Pfaden. Über kurze Abschnitte können sie steil oder ausgesetzt sein. Manche dieser Touren sind auch von der Länge her anspruchsvoll. Sie erfordern ein gutes Orientierungsvermögen, Trittsicherheit und Ausdauer und sollten nur von erfahrenen Wanderern begangen werden.

SCHWARZ

Diese Wanderungen sind nur zum Teil markiert, verlaufen häufig in weglosem Gelände und sind zum Teil sehr lang. Meist stellen sie hohe Ansprüche an die Orientierung. Auf ausgesetzte Stellen und Kletterpassagen wird in der Beschreibung gesondert hingewiesen. Sie sollten nur von erfahrenen, trittsicheren und konditionsstarken Alpinisten begangen werden.

Im Winter sind die Strände einsam und das Klima ideal für Wanderungen.

Gefahren

In der Beschreibung wird auf Kletterpassagen und ausgesetzte Stellen gesondert hingewiesen. Starke Winde und plötzlich aufziehende Gewitter sollten nicht unterschätzt werden. Der heiße Südwind, der Scirocco, kann für den Hitzeungewohnten zum Problem werden.

Beste Jahreszeit

Auf Sardinien kann man das ganze Jahr über wandern. Selbst im Winter, zwischen Dezember und Februar, kann man hervorragende Wanderbedingungen vorfinden – in dieser Zeit können die Kammregionen ab 1000 m verschneit sein, aber nur in den Hochlagen des Gennargentu-Massivs bleibt der Schnee für längere Zeit liegen. Frühjahr und Herbst sind uneingeschränkt gute Wandermonate. Im Sommer muß man mit großer Hitze rechnen, insbesondere in den Küstenregionen und auf sonnigen Hängen.

Ausrüstung

Festes Schuhwerk mit griffiger Sohle, strapazierfähige Hose, Regen-, Wind- und Kälteschutz, Sonnenschutz, Tourenproviant (vor allem ausreichend Flüssigkeit), tunlichst auch Kompaß und Höhenmesser sind bei allen Touren Voraussetzung.

Karten

Die den einzelnen Wandervorschlägen beigegebenen farbigen Wanderkärtchen mit Routeneintragungen (Maßstab dort zu entnehmen) sind ein wesentlicher Bestandteil des Führers. Sie beinhalten u.a. Höhenlinien (100 m), Varianten (gestrichelt) und Kletterstellen (gepunktet). Die veralteten italienischen IGM-Karten der 50er Jahre werden seit Ende 1993 endlich neu überarbeitet und sind zum Teil schon im Maßstab 1: 25 000 sowie 1: 50 000 erhältlich. Die alten Kartenausschnitte und Blattbezeichnungen haben sich gänzlich geändert.

Gehzeiten

Die Zeitangaben beziehen sich auf die reine Gehzeit, ohne Rast- und Fotopausen. Zur besseren Orientierung werden Etappenzeiten und Gesamtgehzeiten, der Höhenunterschied, manchmal auch die Entfernungen angegeben.

Einkehr und Unterkunft

Auf Sardinien gibt es weder Almen noch Hütten, die die Wanderer benützen können. Für Übernachtungen muß man immer entweder ins Tal oder zu einer nahegelegenen Straße absteigen. Für mehrtägige Touren sind Zelt- oder Biwakausrüstung erforderlich. Die Route des Weitwanderweges »Sentiero Italia« wird so ausgewählt, daß sie am Ende jeder Etappe eine Übernachtungsmöglichkeit tangiert. In jedem kleinen Dorf gibt es zumindest eine Einkehrmöglichkeit, in den frequentierten Orten vermieten Einheimische auch Zimmer. In größeren Orten gibt es zum Teil eine »Locanda« (einfaches Gasthaus). Restaurants und Hotels sind in touristisch erschlossenen Gebieten in großer Auswahl vorhanden.

Agriturismo

Dies entspricht unseren »Ferien auf dem Bauernhof«. Aufgrund der steuerlichen Vorteile wird diese Art der Bewirtung aber gerne mißbraucht. Die anerkannten Betriebe sind deshalb in einem Verband zusammengefaßt:
Terranostra, Via Sassari 3, I-09100 Cagliari, ✆ 070-668367
für die Provinz Oristano: Cooperativa Allevatrici Sarde, Casella Postale 107, I-09170 Oristano, ✆ 0783-418066, Fax 418193; 1.5.-15.9.: Piazza Cattedrale, I-09170 Oristano, ✆ 0783-73954
für die Gallura: Cooperativa Agrituristica Gallurese, Tenuta Valentino, I-07023 Calangianus, ✆ 0789-50881 und 630181.

Anfahrt

Das gut ausgebaute Busnetz der Insel berührt nicht unbedingt alle Ausgangspunkte. Außerhalb der Saison besteht mancherorts gar keine Busverbindung oder nur mit eingeschränktem Fahrplan. Taxifahrten, wenn über-

Forstleute kontrollieren die Schutzzonen.

haupt möglich, sind teuer. Von Einheimischen wird man manchmal mitgenommen, wenn man sie anspricht. Manche Hotels bieten auf Anfrage einen Fahrservice an. Es empfiehlt sich daher die Anfahrt mit einem eigenen Pkw bzw. mit einem Mietwagen.

Natur- und Umweltschutz

Man kann nur hoffen, daß auch in Sardinien in Zukunft die Hinterlassenschaften der Zivilisation nach und nach beseitigt werden. Der Anblick von Müll in der Landschaft sollte uns keineswegs die Prinzipien umweltschonenden Verhaltens vergessen lassen. Respektieren Sie bitte die Natur in allen Bereichen: Nehmen Sie Ihre Abfälle wieder mit, werfen Sie Ihre Zigarettenkippen nicht sorglos in die Landschaft und machen Sie kein offenes Feuer (akute Waldbrandgefahr!).

Verhaltensweisen

Auf Sardinien wird teilweise noch intensive Pastoralwirtschaft betrieben – die Tiere sollen den Schäfern nicht entlaufen. Darum: Bitte alle Tore, Gatter und sonstige Absperrungen, die Sie geschlossen vorgefunden haben, wieder schließen! Die einheimischen Hirten werden es Ihnen zu danken wissen.

Wandern auf Sardinien

Geographie

Mit einer Fläche von rund 24 000 km^2 ist Sardinien die zweitgrößte Insel des Mittelmeeres. Die höchsten Erhebungen im Gennargentu-Massiv bleiben knapp unter der Zweitausender-Grenze. Eine zusammenhängende Bergkette fehlt auf Sardinien, vielmehr gibt es einzelne Gebirgsgruppen mit geologisch sehr unterschiedlichem Charakter. Dazwischen sind breite Gräben und tiefe Flußtäler entstanden: Tirso und Flumendosa sind die größten Flüsse, die im Gennargentu entspringen und zur West- bzw. Ostküste abfließen. Fruchtbares Schwemmland und Strandseen charakterisieren die weitläufige Ebene. Auf dem Granitsockel der Insel ruhen vielfältige Vulkan-, Schiefer- und Kalkgebirge, und so wirkt die Insel wie ein eigenständiger Kontinent.

Vegetation und Tierwelt

Aufgrund der geomorphologisch unterschiedlichen Gebirgsstöcke ist die Vegetation entsprechend verschieden. Es finden sich zahlreiche Orchideen, unter ihnen unzählige Ragwurzarten. Charakteristisch für Sardinien sind Päonien, die wilden Pfingstrosen. Die duftende Macchia bedeckt weite Teile der Insel – in niedrigeren Lagen herrschen Lavendel, Rosmarin, Zistrosen,

Die wilde Pfingstrose (Päonie), Nationalblume der Insel.

Myrte und Mastix vor, in höheren Lagen gewinnen Baumheide, Wacholder, Ginster und Erdbeerbaum die Oberhand. Auf der gesamten Insel dominieren Steineichenwälder, auf Granit und vulkanischem Boden wächst die Korkeiche. Zur Verbesserung des Mikroklimas wurden Pinienwälder aufgeforstet. Als Besonderheit treten große Stechpalmen auf, vor allem im Gennargentu und im Marghine. Die sonst so raren Eiben, wegen ihrer giftigen Nadeln auch Todesbaum genannt, haben in weiten Gebieten überleben können. Die schönsten Exemplare befinden sich im Sulcis, in der Barbagia und auch im Supramonte.

Überraschend ist die enorme Vielfalt der Tierwelt. In den Lagunen der Süd- und der Westküste kann man im Herbst und Frühjahr Unmengen von Flamingos sowie zahlreiche andere Vogelarten sehen. An der Ostküste sieht man vereinzelt den Seeadler, im Supramonte kann man mit etwas Glück den

Auf dem Sentiero Salvaggio Blu – eine mehrtägige, zum Teil extreme Trekkingroute an der Ostküste.

Steinadler im Flug beobachten. Lämmergeier dagegen tauchen nur noch sporadisch, z.B. am Capo Caccia auf. Mufflons und der fast ausgestorbene sardische Hirsch haben in den Forstparks wieder einen Lebensraum gefunden. Während Wildschweine und Wildhasen in großer Zahl auftreten, ist die Wildkatze kaum auszumachen. Nicht zu vergessen sind die kleinwüchsigen Wildpferde der Giara.

Nationalpark Supramonte-Gennargentu

Neben einigen Forstverwaltungen, die sich seit Ende letzten Jahrhunderts in rühriger Kleinarbeit um die Naturräume der Insel bemühen, sind auch andere Naturschutzgebiete entstanden. Der Nationalpark Supramonte-Gennargentu allerdings – in der letzten Phase seiner Entstehung – kann aufgrund des Widerstands seiner Gegner nicht so bald realisiert werden. Aus Mangel an Information und Aufklärung und aus Hang zur Tradition stehen noch immer viele Insulaner mit derartigen Einrichtungen auf dem Kriegsfuß und befürchten Nachteile für sich.

Der Weitwanderweg »Sentiero Italia«

Da eine durchgehende Gebirgskette fehlt, ist eine Durchquerung der Insel nur mit Unterbrechungen möglich. Doch ist das kein Hindernis für Trekking-Touren auf Sardinien. Der »Sentiero Italia«, ein noch nicht vollends realisierter Weitwanderweg, der sich von Triest über den Alpenhauptkamm bis zur Stiefelspitze in Kalabrien zieht, wird auch die Inseln Sizilien und Sardinien berühren. Markierte Abschnitte dieses Weges sind teilweise in diesem Wanderführer erwähnt – die Massive von Montiferru, Marghine und Goceano sind für diesen Weitwanderweg vorgesehen, da sie in einer Kette zusammenhängen.

»Sentiero Salvaggio Blu« und weitere mehrtägige Wanderungen

Im gebirgigen Osten, direkt parallel zur Steilküste, ist eine mehrtägige, extreme Trekking-Route markiert, die allerdings nur für erfahrene Alpinisten geeignet ist. Santa Maria Navarrese im Golfo di Ogliastra ist der Ausgangspunkt dieser achttägigen Wanderung, die bei Cala Gonone im Golfo di Orosei endet. Die erste Hälfte dieser Überschreitung bis zur Cala Goloritzé ist der leichtere Abschnitt (einige Abschnitte davon sind in diesem Führer beschrieben). In der zweiten Hälfte sind sogar Kletterstellen bis zum IV. Schwierigkeitsgrad sowie Abseilstellen keine Seltenheit.
Eine weniger extreme Durchquerung dieses so reizvollen Gebirges beginnt in der Piana di Golgo, verläuft über Cala Sisine und Cala Luna und endet in Cala Fuili. Allerdings ist diese Strecke nicht markiert (siehe Beschreibung im Tourenteil). Außerdem lohnt sich eine mehrtägige Traversierung des Supramonte: von Oliena über Monte Corrasi, die Doline von Su Suercone und Donnarigoro bis Dorgali. Auch hier fehlen Markierungen.

Informationen und Adressen von A – Z

Anreise

Mit der Fähre: Ab Civitavecchia, Genua, La Spezia und Livorno werden fast alle Fährhäfen der Insel (Olbia, Cagliari, Porto Torres, teilweise Arbatax) angelaufen, in der Saison mehrmals täglich.
Mit dem Flugzeug: Alitalia, Meridiana und Lufthansa bieten Linienflüge (in der Saison direkt) zu den diversen Flughäfen Sardiniens (Cagliari, Olbia, teilweise Alghero und neuerdings Arbatax). Charterflüge gibt es nur in der Saison.

Auskunft

Folgende Institutionen geben Auskünfte:
E.S.I.T. (Ente Sardo Industrie Turistiche), Via Mameli 97, I-09124 Cagliari, ✆ 070-60231
Enti Provinciali per il Turismo, Piazza Deffenu 9, I-09125 Cagliari, ✆ 070-651698/654811, Fax 070-663207
Azienda Foreste Demaniali (für Aufenthaltsgenehmigungen in den Forstparks), Cagliari: ✆ 070-27991, Sassari: ✆ 079-232206, Nuoro: ✆ 0784-35730.

Bergrettung

Corpo Nazionale Soccorso Alpino e Speleologico, ✆ 070-286200.

Der Burgberg Burgos im Gocéano.

Der Burgberg Acquafredda im Sulcis-Gebirge.

Camping

Informationen für ganz Sardinien erhält man bei:
Touring Club Italiano, Como Italia 10, I-20122 Milano, ✆ 02-809871
Faita Sardegna, Via Brigita Sassari 28, I-07100 Sassari
Auch ADAC und E.S.I.T. erteilen Auskünfte. Wildzelten ist generell verboten.

Feiertage

1. Januar, 6. Januar, Ostern, 25. April, 1. Mai, 15. August, 1. November, 8., 25. und 26. Dezember. Außerdem lokale Feiertage, an denen Banken, Geschäfte etc. geschlossen sind.

Klima

Auf der Insel herrscht vorwiegend mildes Klima. Von Mai bis Oktober ist es eher trocken und heiß, während es in den milden Wintermonaten häufig regnet. Im März und April kommt es manchmal zu recht stürmischen Winden.

Klimatabelle (Höchst- und Tiefstwerte in °C):

Monat	I	II	III	IV	V	VI	VII	VIII	IX	X	XI	XII	Jahr
Alghero	12,8	13,1	16,4	17,8	21,3	25,7	28,0	28,2	26,2	22,1	17,6	14,0	20,3
	6,1	6,5	7,7	10,0	12,6	16,3	18,1	18,8	17,2	14,0	10,7	7,5	12,1
Cagliari	14,0	14,6	16,9	19,6	23,4	28,0	30,8	30,6	27,7	23,4	19,1	15,2	21,9
	6,8	7,0	8,5	10,4	13,6	17,5	20,4	20,4	18,6	15,1	11,4	8,0	13,1

Notruf
Polizei (Carabinieri) ✆ 112
Unfallrettung (Soccorso Pubblico di Emergenza) ✆ 113
Pannenhilfe (Soccorso Stradale/ACI) ✆ 116

Sport
Vor den Küsten Sardiniens sind alle Arten von Wassersport möglich. Reiten und Mountain-Biking gewinnen immer mehr an Beliebtheit. Sardiniens Bergwelt ist ein Eldorado für die Freunde von Schluchtbegehungen (Torrentismo), Höhlenforschung (Speleologia) sowie Extrem-Klettern.
Geführte Touren für Torrentismo veranstaltet: Corrado Conca, Viale Sant'-Avendrace 59, I-09110 Cagliari, ✆ 070-821960
Höhlenforschung: Keya s.n.c., Stefano Calabrò, Via Bainsizza 51, I-09123 Cagliari, ✆ 070-275942.

Telefon
Vorwahl nach Sardinien (Italien) 0039. Von Sardinien nach Deutschland 0049, nach Österreich 0043, in die Schweiz 0041.

Veranstalter für geführte Wanderungen
Die Autorin in Zusammenarbeit mit dem DAV Summit Club, München, ✆ 089-6510720

Verkehrsmittel auf Sardinien
Bus: Es besteht auf der gesamten Insel ein gut ausgebautes Busnetz, das selbst die kleinsten Dörfer erfaßt (vor allem in der Saison zumindest einmal täglich).
Eisenbahn: Bahnverbindungen gibt es nur auf den Hauptstrecken zwischen den Großstädten. Der Bummelzug »Trenino Verde«, eine Schmalspurbahn, die durch das Bergland zieht, verkehrt außerhalb der Saison zwar täglich, aber sporadisch.

Wandervereine
Italienischer Alpenclub (CAI), Sektion Cagliari, Via Bicioni 13, ✆ 070-667877. Zuständiger Referent für die Wanderwege ist der Präsident, Bobo Cortis, ✆ 070-498021.

Wettervorhersage
Da es in Sardinien keinen offiziellen Wettervorhersagedienst gibt, besteht nur in dringenden Fällen die Möglichkeit, sich inoffiziell bei folgender Nummer zu erkundigen: Ufficio Meteo Aeronautico, ✆ 070-210-2525

Mächtige Felsenberge setzen die Akzente – an der Punta Giradili (Tour 29).

Der Süden

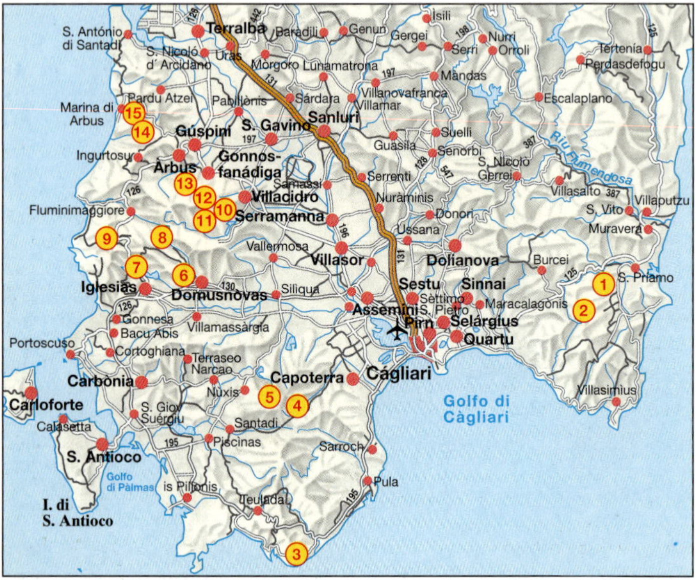

Im Süden der Insel befindet sich die Hauptstadt Cagliari. Sie liegt an der gleichnamigen Bucht, die die südlichen Bergmassive, im Osten das **Sarrabus-** und im Westen das **Sulcis-Gebirge**, trennt. Weiter nördlich davon liegt der **Campidano-Graben**, der sich bis zum Golf von Oristano erstreckt und dabei die Region **Sarcidano** vom **Iglesiente** abgrenzt. Die Nähe der Hauptstadt und das fruchtbare Schwemmland des Campidano sind ein Segen für die Bevölkerung im weiten Umkreis. Die Ortschaften sind über ein gut ausgebautes Verkehrsnetz mit der Hauptstadt verbunden. Entsprechend ist dies die »quirligste« Ecke der Insel mit den meisten Einwohnern. Die Altstadt von Cagliari, von den Einheimischen Casteddu genannt, liegt auf einem Burgberg und bietet von der Bastion die schönste Aussicht auf den Golf und die umliegenden Gebirge. Die Lagunen nahe am Meer sind im Spätherbst und Frühsommer voller Flamingos, die zwischen Afrika und der Provence pendeln und hier Zwischenstation machen. Sowohl das Massiv des Sarrabus als auch das des Sulcis sind stark bewaldete Berggebiete, und nur die Kammregionen schauen aus dem dichten Grün heraus. Von den Höhen des Gennargentu herab mäandriert nach einer weiten Reise der **Riu Flumendo-**

sa zum Meer. Im Osten, bei Muravera, liegen unzählige fruchtbare Obstgärten, in denen vor allem Zitrusfrüchte angebaut werden. Westlich des Golfes, bei Pula, sind die phönizischen Ausgrabungen Nora einen Besuch wert, auch Ausflüge zu den Inseln Sant'Antioco und San Pietro im Südwesten bieten eine willkommene Abwechslung. Auf der Westseite des Granit-Massivs des Monte Lattias finden sich die interessanten Tropfsteinhöhlen von Is Zuddas bei Santadi – mit die schönsten im weiten Umkreis. Von Santadi nach Norden, erreicht man an den Ausläufern des Sulcis-Gebirges den Burgfelsen Acquafredda. Ein Pinienhain an seinen Hängen lädt zum Picknick ein, und Trampelspuren führen zu der mittelalterlichen Burgruine hinauf. Im Norden, jenseits des Cixerri-Grabens, erhebt sich der Iglesiente. Dieses erdgeschichtlich älteste Gebiet Italiens wirkt wie ein riesiges Bergwerks-Museum, überall stößt man auf Anzeichen früheren intensiven Erzabbaus. Die Grotten von San Giovanni und Su Mannau sowie der römische Tempel Tempio di Antas werden von hier beschriebenen Wanderungen tangiert. Die Küste des Iglesiente und Fluminese fällt größtenteils steil ab. Weiter nördlich dagegen, wo sich das Gebirge zum Golf von Oristano absenkt, erstreckt sich die Costa Verde mit den Sanddünen. Sie dringen immer weiter in die grüne Wildnis vor, ein Naturphänomen, das man unbedingt gesehen haben muß. Jenseits des Campidano-Grabens liegen die Thermen von Sárdara und die Kastellruine Monreale, zu der eine kurze Wanderung emporführt. Von hier kann man einen wunderschönen Blick auf die weite Umgebung genießen.

Blick über die Dächer von Cagliari zum Sulcis-Gebirge.

1 Sette Fratelli, 1016 m

Auf alten Wegen durch den Naturpark Sette Fratelli

Cantoniera Campuomu – Convento dei Sette Fratelli – Bruncu Perdu Cossu – Sette Fratelli – Cantoniera Campuomu

Talorte: Cagliari oder der Ort Muravera.
Ausgangspunkt: Kleiner Parkplatz neben der Cantoniera Campuomu, 378 m. Von Cagliari auf der SS 125 *Orientale Sarda* bis km 31 (nach dem Paß Arcu Neridu und der Brücke über den Riu Campuomu). Busverbindung.
Gehzeiten: Straße 378 m – 1. Scharte 3 Std., 1. Scharte – Forststraße 1 Std.; Abstieg 2 Std.; Gesamtzeit 6 Std.
Höhenunterschied: 638 m.
Anforderungen: Die Aufstiegsroute führt durch Wald und ist steil, aber gut markiert (weiß-rot).
Einkehr und Unterkunft: In Burcei (vom Paß 7 km nach Norden) Bars und Pizzeria; in Cagliari sowie in Muravera Restaurants, Hotels und Campingplätze.

Im Naturpark Sette Fratelli wurden in der jüngeren Vergangenheit zahlreiche Forststaßen neu angelegt. Leider sind dem Bulldozer alte und schöne Wege zum Opfer gefallen. Einer der wenigen, noch ziemlich gut erhaltenen Wege im Bereich dieses Staatsforstes wurde vom CAI markiert und stellt einen Teil des Weitwanderweges Sentiero Italia dar.
Hinter einem Holzgatter am Parkplatz beginnt unsere Wanderung (Schild »Sentiero Italia, Campuomu Castiadas«, Markierung). Wir folgen den Markierungen. Nach einer kurzen, steilen Passage mündet der Weg in eine Forststraße. Auf dieser links weiter. Nach 700 m nehmen wir die rechte

Die Kammregion der Sette Fratelli mit der Punta sa Ceraxa, 1016 m.

Abzweigung und erreichen auf einer Höhe von 600 m, in einem schattigen Wald, die Ruinen des ehemaligen **Convento dei Sette Fratelli**, rechts des Weges. Eine Linksabzweigung (gleich beim Convento) lassen wir unbeachtet, kurz danach verlassen wir die Forststraße nach rechts. Der Bach **Riu su Cuventu** wird überschritten (große Blöcke, Vorsicht bei Nässe!). Nun folgt ein steiler Aufstieg. Der Weg führt uns an einigen Kohlenmeilern vorbei und endet nach 3 Std. Wanderung auf einem Sattel, 900 m, am Fuße des **Bruncu Perdu Cossu**. Jetzt folgen wir weglos den Markierungen. In einer Senke kommen wir aus dem Wald heraus und stehen in der bizarren Granitlandschaft der **Sette Fratelli** (= 7 Brüder). Der Sentiero Italia taucht wieder in den Wald hinein (Pfadspuren). Nach 15 Min. (ab Senke), auf einer Höhe von 950 m (Markierung auf Stein: weißer Pfeil in rotem Feld, der nach rechts weist), verlassen wir den Weitwanderweg: Der markierte Sentiero Italia führt rechts weiter über den Sattel zwischen der **Punta sa Ceraxa**, 1016 m, und dem markanten Monolith-Berg rechts daneben zur Südseite des Massivs nach **Castiadas**. Wir wenden uns *links*, d.h. in nördlicher Richtung, dem nicht markierten Weg zu. Sobald wir wieder aus dem Wald heraustreten, sehen wir vor uns die **Punta su Baccu Malu** mit ihrem Wackelstein. Wir kommen vorbei an hohen Felsblöcken (Granitausläufer der Punta sa Ceraxa: rechts, in einem Einschnitt, zweigt der mit Steinmännchen markierte Aufstiegsweg zu diesem Gipfel ab, kurze Passagen II. Schwierigkeitsgrad, 1 Std. hin und zurück). Der Weg mündet am Fuße der Punta su Baccu Malu in eine Forststraße ein, auf der wir links weitergehen. Abzweigungen zu einer Nuraghe (rechts) und zum **Convento dei Sette Fratelli** (links) lassen wir unberücksichtigt. Erst nach 5 km verlassen wir die Forststaße nach rechts und wandern auf der bekannten, markierten Route zum Parkplatz zurück.

2 Das Maidopistal

Genußwanderung rund um Perd'Asub 'e Pari

Straße – Perd' Asub 'e Pari – Straße – Arcu su Crabiolu – Straße

Talorte: Cagliari oder der Ort Muravera. Von beiden Orten Busverbindung zum Ausgangspunkt der Wanderung.

Ausgangspunkt: Forststraße am Riu Maidopis, 508 m. Von Cagliari auf der SS 125 *Orientale Sarda* bis zum Paß Arcu Neridu (km 30); dort rechts zum »Parco Sette Fratelli«. Am Forsthaus und dem angeschlossenen Museum vorbei und bei der nächsten Toreinfahrt links hinein. An einer Abzweigung rechts Richtung Riu Maidopis. 3,5 km nach Toreinfahrt ist links der Forststraße eine Hinweistafel »Sentiero N° 2«. Parken längs der Straße.

Gehzeiten: 1. Etappe Sentiero N° 2: 2 Std.; 2. Etappe Sentiero N° 1: 2 Std.; Rückweg ¾ Std.; Gesamtzeit 4¾ Std.

Höhenunterschied: 460 m.

Anforderungen: Leichte Wanderung in zwei Etappen. Sentiero N° 2 gelb, N° 1 rot markiert. Die beiden Etappen können auch einzeln begangen werden.

Einkehr und Unterkunft: siehe Tour 1. Mit Erlaubnis der Forstverwaltung kann im Parkbereich gezeltet werden.

Hinweis: Öffnungszeiten des Parkes: Sommer von 8 – 19 h, Winter von 8 – 17 h.

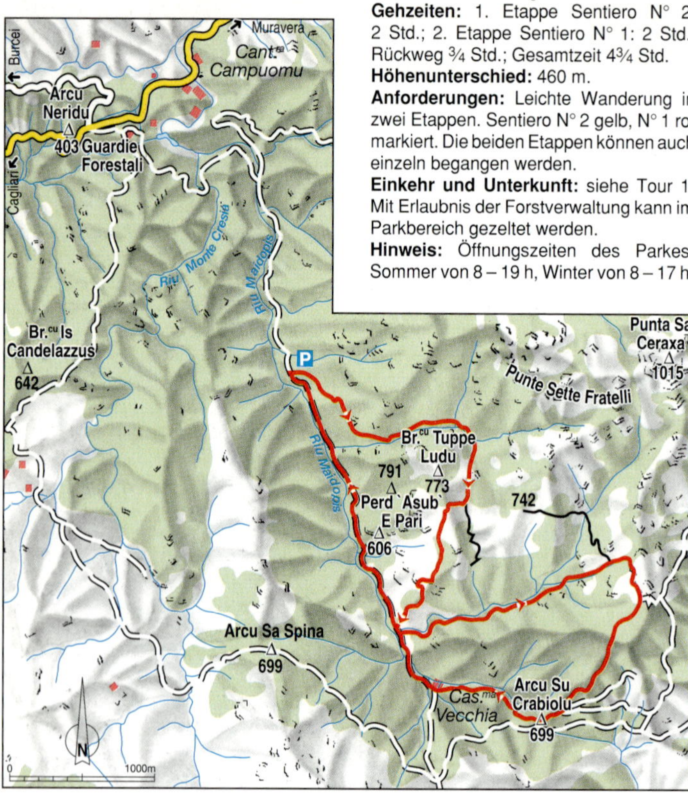

»Ein Stein auf dem anderen« – Perd'Asub 'e Pari. Hinten der Monte Genis.

Am Hinweisschild »Sentiero N° 2« links hinauf, zunächst in leichtem Gelände, kommen wir nach einer ½ Std. an große Granitblöcke, über die wir klettern müssen. Am linken Ufer des Baches geht es nun wieder auf einem angenehmen Pfad weiter hinauf. In einer Rechtskurve des Weges überschreiten wir den Bach, danach geht es rechts in einen Wald, über zwei felsige Lichtungen (im Norden sehen wir die Sette Fratelli). Durch dichten Wald (vorwiegend Erdbeerbäume) erreichen wir schließlich den höchsten Punkt dieser Etappe (750 m). Vor uns der **Perd' Asub 'e Pari** (791 m) – die grüne Wildnis des Parkes, das Tal von **Maidopis** und die mediterrane Flora runden das Bild ab. Wir steigen ab und erreichen nach 2 Std. wieder die Forststraße. Rechts geht es in ½ Std. zum Ausgangspunkt.

Für die 2. Etappe überqueren wir die Brücke. Vor der Baumschule links zum Sentiero N° 1 (Schild/rote Markierung), zunächst auf einem breiten Weg hinauf. In einer Rechtskurve verlassen wir diesen und steigen weiter an. Auf einer Höhe von 750 m, inmitten einer Felslandschaft, folgen wir den Markierungen. Die riesigen Granitplatten in der folgenden Lichtung betreten wir nicht, statt dessen halten wir uns äußerst links in einem Bachbett. Danach erreichen wir eine Hochfläche mit niedrigem Macchiabewuchs (770 m). Beeindruckend das Panorama mit den Türmen der Sette Fratelli. Unser Pfad mündet auf eine Forststraße, der wir 20 Min. nach rechts folgen, bis zu einer Abzweigung. Hier halten wir uns rechts. 100 m danach, nach einer Schranke, befinden wir uns am Paß **Arcu su Crabiolu** (699 m). Der Blick reicht bis zum Monte Genis. Mit dem Schild »Sent. N° 1« steigen wir hinab, vorbei an zwei Abzweigungen (links halten), und erreichen die sogenannte »**Caserma Vecchia**«. Links daran vorbei mündet der Weg auf eine Forststraße. Hier rechts, vorbei an der Baumschule und zum Ausgangspunkt zurück.

3 Capo Spartivento – Monte sa Guardia Manna, 176 m

Küstenwanderung zur südlichsten Ecke der Insel

Cala Antonarieddu – Capo Spartivento – Monte sa Guardia Manna

Vom Capo Spartivento reicht der Blick bis zum Capo Teulada im Westen.

Talort: Chia, zwischen Pula und Teulada. Busverbindung von Cagliari und Teulada.
Ausgangspunkt: Cala Antonarieddu. Von Cagliari auf der SS 195 über Pula, bei km 43, links nach Chia und auf der Küstenstraße weiter Richtung Porto Teulada. 8 km nach der Abzweigung befindet sich links eine neue Feriensiedlung (zwei große Einfahrtstore). Entlang der Straße parken.
Gehzeiten: Straße – Leuchtturm am Capo Spartivento 1¾ Std.; Leuchtturm – M. sa Guardia Manna 15 Min.; Rückweg 1¾ Std.; Gesamtzeit 3¾ Std.
Höhenunterschied: 300 m.
Anforderungen: Leichte Küstenwanderung, jedoch nicht markiert.
Einkehr und Unterkunft: Zwischen Pula und Chia Bars, Restaurants, Hotels, Ferienwohnungen und Campingplätze.
Variante vom Leuchtturm: Zwischen dem Leuchtturm und dem verfallenen Haus gehen wir nach NO hinab und erreichen eine schöne Sandbucht. Über den nächsten Rücken hoch (mehrere Pfadspuren), haben wir eine wunderbare Aussicht und können die Folge von traumhaft schönen Stränden überblicken, über die wir bis Torre di Chia wandern können (1¾ Std. vom Leuchtturm).

Diese leichte, wildromantische Wanderung führt durch einen der wenigen Küstenstreifen des Südens, der von der intensiven Bautätigkeit noch verschont geblieben ist. Üppig blühende Macchia und bizarre Buchten begleiten uns auf dem Weg zum südlichsten Punkt der Insel, dem Capo Spartivento (= der den Wind teilt).

Vom Parkplatz gehen wir zwischen den beiden Eisentoren durch den Mauereinschnitt und entlang des Zaunes weiter. An der Bucht **Cala Antonarieddu** wandern wir nach links und steigen nun auf einem deutlichen Pfad parallel zur Küste hinauf. Bereits von hier reicht der Blick über das Capo Malfatana (Turm) bis zum Capo Teulada (militärisches Sperrgebiet). Vorbei an den **Ferraglione-Inseln**, geht es leicht abwärts in eine Senke, wo sich der Weg auf grünen Matten verliert. Wir halten uns rechts, um ihn wiederzufinden. In der Nähe der **Padiglioni-Inseln** ist eine Abzweigung. Es lohnt sich, nach rechts zu laufen, um die farbenprächtige Granitlandschaft zu betrachten. Für den Weiterweg allerdings gehen wir auf der linken Spur bis zur nächsten Bucht. Hier verläuft der Weg nicht auf der Fahrpiste, sondern rechts, zwischen Macchia (gleich zu Beginn ein hoher Wacholderbaum). Deutlich links von der größeren Baumgruppe steigen wir auf. Dieser Weg mündet nahe einer Bucht mit Steg in einen Karrenweg. Wir gehen links hinauf und erreichen den Leuchtturm am **Capo Spartivento** mit seiner sagenhaften Aussicht. Den Leuchtturm und ein verfallenes Haus lassen wir rechts liegen und laufen nördlich zum **Monte sa Guardia Manna**. Ein Karrenweg mit intakten Trockenmauern, den wir von unten schon erkennen, führt gemütlich hinauf. Im Sattel angekommen (der Weg ist hier kurz unterbrochen), halten wir uns links, um wieder auf den Weg zu gelangen. Am Gipfel bietet sich ein Ausblick auf die herrlichen Buchten von Chia im Osten (siehe Variante) und die grüne Wildnis des Sulcis-Gebirges im Norden. Zurück auf demselben Weg.

4 Sentiero Genna Strinta – Pepi Meloni

Gemütliche Forstwanderung im WWF-Naturpark

WWF-Forsthaus – Sentiero Genna Strinta / Pepi Meloni – Forsthaus

Talorte: Cagliari im Osten oder der Ort Capoterra am Fuße des Sulcis-Gebirges.
Ausgangspunkt: WWF-Forsthaus, 304 m. Von Cagliari auf SS 195 Richtung Pula, Ausfahrt »Zona Industriale Macchiareddu« (1. Schild Oasi WWF). Über die Stagni von Santa Gilla fährt man, der Beschilderung des WWF folgend, erst auf Asphalt, dann auf Schotterstraße Richtung Santadi bis zur Kapelle Sta. Lucia. Kurz danach rechts zum Naturpark WWF. Ab hier ca. 10 km auf einer holprigen Straße, durch das Eingangstor des Parks (Info-Häuschen) und weiter zum Forsthaus. Hier melden, Eintritt lösen.
Gehzeiten: Forsthaus – Quelle Pepi Meloni 1½ Std.; Quelle – Forsthaus 1½ Std.; Gesamtzeit 3 Std.
Höhenunterschied: 250 m.
Anforderungen: Leichte Wanderung auf deutlichen Wegen, mit roten Pfeilen markiert, teilweise beschildert.
Einkehr und Unterkunft: In Cagliari und Umgebung (Capoterra, Pula etc.) Restaurants, Hotels und Campingplätze. Im WWF-Naturpark kann man nach tel. Rücksprache übernachten (2 Schlafsäle à 6 Betten, Bad und Küche zur Selbstversorgung).
Hinweis: Der WWF-Naturpark ist am Wochenende für Besucher offen. Ausnahmen bestätigen die Regel! Anmeldung bei: Centro WWF, Delegazione Cagliari, Tel. 070-670308.

Das Gebiet von »Oasi WWF Monte Arcosu« ist seit 1986 im Privatbesitz dieser Organisation und umfaßt 3.200 Hektar. Dem »Selbstbedienungsladen Natur« wurde so ein Riegel vorgeschoben und dem fast schon ausgerotteten sardischen Hirsch und anderen gefährdeten Tier- und Pflanzenarten ein geschützter Lebensraum geschaffen. Für Naturfreunde wurden einige Wege errichtet, die in erster Linie von WWF-Mitgliedern frequentiert werden.

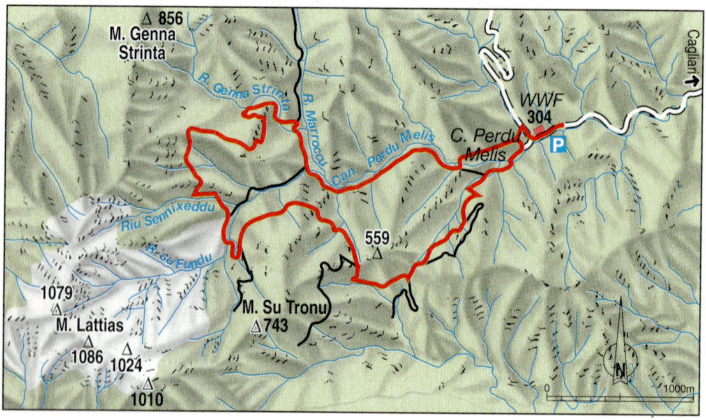

Damhirsche im Forstpark des Monte Arcosu, dem WWF-Naturreservat.

Vom Forsthaus wandern wir, mit Blick auf die wild gezackte Felsregion des **Monte Lattias**, auf einem breiten Weg in westlicher Richtung bis zum Gebäude des »Centro Informazione« (links) und dem Damhirsch-Gehege (vorne rechts). In der Mitte geht es auf dem schmalen »Sentiero Naturale« links in den Wald hinab (beschildert). Der **Riu Perdu Melis** wird überquert, und nach kurzem Gegenanstieg verläßt man den Naturlehrpfad nach rechts und gelangt auf einen breiten Forstweg. Am linken Ufer des Flusses, vorbei an formschönen Granitfelsen und Gumpen, geht es weiter bis zu einer Wegteilung mit Holztafeln: Wir biegen rechts auf den *Sentiero Genna Strinta* ab (links ist der *Pepi-Meloni-Weg*). Bei der nächsten Abzweigung folgen wir dem roten Pfeil nach links. Wir entfernen uns nun vom Riu Perdu Melis, überschreiten den Riu Genna Strinta und gehen an einer Wegteilung links. Der schmale Pfad, ein alter Köhlerweg mit zahlreichen Meilern am Wegesrand, steigt gemächlich an. Bald haben wir den Monte Lattias vor uns. Wir überschreiten die trockenen Bachbetten von **Riu Sennixeddu** und **Riu su Fundu** (dazwischen bietet sich eine Abkürzung nach links Richtung Forsthaus). Danach, vorbei an der Quelle **Pepi Meloni** und an der Abzweigung rechts zum Monte Lattias, schwenkt der Weg nach links durch den Wald. Später, wieder im Freien, sehen wir das Tal von **Perdu Melis** und unseren Wanderweg. Auf 500 m Höhe zweigt rechts ein Weg zum Monte Lattias ab (die Abstiegsroute von Tour 5). Der Markierung geradeaus folgend, steigen wir ab. Bald erreichen wir einen großen Platz, von dem sternförmig Wege abgehen. Wir halten uns ganz links mit dem breiten Weg bergab (Schild: »Alle Case«). Vorbei an der Quelle **Su Suergiu** kommen wir an die erste Wegteilung vom Anfang der Wanderung und gehen zurück zum Forsthaus.

5 Monte Lattias, 1086 m

Wilde Felslandschaft für Abenteuerlustige

WWF-Forsthaus – Quelle Pepi Meloni – Vorgipfel (1010 m) – Monte Lattias – Monte su Tronu – S'Arcu su Tronu – Sentiero Pepi Meloni – Forsthaus

Ausgangspunkt: siehe Tour 4.
Gehzeiten: Forsthaus – Quelle Pepi Meloni 1 Std.; Quelle – Vorgipfel (1010 m) 2¼ Std.; Vorgipfel – M. Lattias 1 Std. ; zurück zum Ostgrat 1 Std.; Ostgrat – S'Arcu su Tronu 1½ Std.; Sent. Pepi Meloni – Forsthaus ¾ Std.; Gesamtzeit 7½ Std.

Höhenunterschied: 1000 m.
Anforderungen: Anspruchsvolle, lange Wanderung in unwegsamem Gelände. Nur der Abstieg ist teilweise markiert (Plastikschleifen an den Ästen und Steinmänner). Orientierungsprobleme, leichte Kletterstellen.
Einkehr und Unterkunft: siehe Tour 4.

Von jeder Seite fällt der orgelpfeifenähnliche Kamm des Monte Lattias schon von weitem auf, und von jeder Seite wirkt diese höchste Erhebung des Sulcis-Gebirges mit seinen steil gezackten Granitspitzen ziemlich abweisend. Entsprechend vielseitig ist auch der Aufstieg: Der gemütliche Anmarsch durch den WWF-Naturpark steht in krassem Kontrast zu dem steilen Anstieg durch die Schlucht und der zerklüfteten Kammregion.
Vom WWF-Forsthaus gehen wir wie bei Tour 4 bis zur ausgeschilderten Wegteilung: Sentiero Genna Strinta rechts und Pepi Meloni links. Wir kürzen ab und gehen links. Bei der Wiedereinmündung des Sentiero Genna Strinta folgen wir der markierten Route. Wir überqueren den **Riu su Fundu** und erreichen die Quelle **Pepi Meloni**. Danach verlassen wir den Hauptweg auf einem deutlichen, schmalen Bergpfad nach rechts (520 m). Zwischen dichter

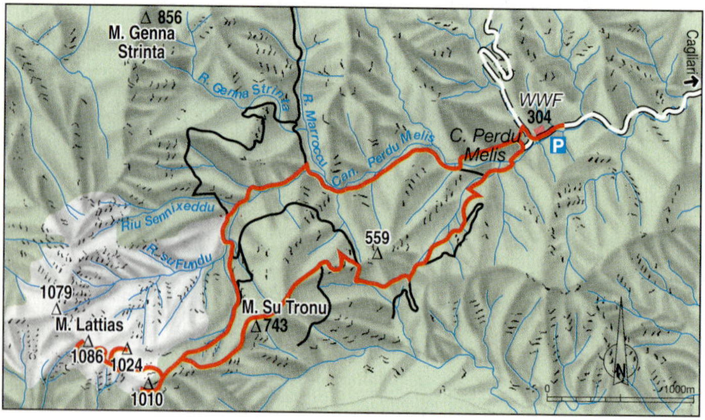

Das WWF-Naturreservat am Monte Arcosu bietet eine Reihe von markierten Wanderungen.

werdender Vegetation führt er bis 660 m bergan und endet abrupt an einem trockenen Bachbett in einer Geländeverflachung. Hier setzt die Schluchtwanderung an: Wir steigen direkt über die Felsblöcke hinauf (Vorsicht bei Nässe!) – weichen Sie nicht zu weit seitlich aus, auch wenn es dort einfacher zu sein scheint. Bald, im steilen Blockgewirr, weitet sich die Schlucht. Wir halten uns nun beim Aufstieg auf der rechten Seite. In 820 m Höhe liegt eine riesige, vom Blitz getroffene Steineiche quer in der Schlucht. Hinter der gefallenen Eiche halten wir uns nach links, um der dichten Vegetation auszuweichen. Zwischen Eichen und dicht gruppierten Eiben (eine Rarität!), bald auch

wieder über Blöcke, steigen wir in der Schlucht hinauf. *Aufgepaßt:* In 870 m Höhe ist eine zwar nicht steile, aber enge Felsrinne zu bemerken. Wir verlassen nun die Schlucht nach links und steigen auf immer deutlicher werdenden Spuren durch dichten Bewuchs direkt nach Süden hinauf (nicht diagonal über Felsen queren!). Am Grat stoßen wir auf einen mit Steinmännern markierten Pfad, gehen rechts (südwestlich) und kommen zu einer felsigen Lichtung (940 m). Vor uns sehen wir bereits den Vorgipfel mit seiner Antenne. Wir halten nun direkt auf den Vorgipfel zu, indem wir zunächst eine bewaldete Rinne queren. Dann steigen wir auf einer auffälligen Rampe in S-Form hinauf. Am **Vorgipfel** (1010 m) umgibt uns eine überwältigende Felslandschaft von rauher Schönheit. Die Bucht von Cagliari ist zu sehen und tief im Tal das Forsthaus, im Norden erhebt sich der Monte Arcosu und westlich davon der gezackte Grat des Monte Lattias, dazwischen sehen wir den Cixerri-Graben und den Burgberg von Aquafredda. Man sollte sich nun die Route gut einprägen: Zunächst hinab auf die Rampe, dann nach links und den flachen Oberlauf unserer Schlucht queren. Weiter zum zweiten Vorgipfel (1022 m, er liegt direkt vor uns, links davon der Hauptgipfel) und diesen nach rechts umrunden (Aufstieg von Westen möglich). Nun nördlich halten, den Kessel im oberen Teil möglichst hoch umgehen und zu der Scharte des Monte Lattias queren. Von hier auf weichem Waldboden in nordwestliche Richtung und über wenige Felsstufen nach Norden zum höchsten Punkt des **Monte Lattias**, wo sich gewaltige Tiefblicke öffnen.
Auf demselben Weg zurück zu den Steinmännern unterhalb des Vorgipfels. Auf dem uns bekannten Grat wandern wir nun zurück in östlicher Richtung. Wir passieren eine Rechtsabzweigung sowie die Linksabzweigung unserer Aufstiegsspur aus der Schlucht und gelangen in einen markanten Sattel (900 m). Hier halten wir uns rechts, um *sofort* links den Felskopf im Gratverlauf zu umgehen. Steinmänner und rot-weiße Plastikschleifen in den Bäumen weisen den Weg, der mit wenigen Abweichungen *permanent* am bewaldeten Grat nach Osten verläuft. In 820 m Höhe erreichen wir eine steile Rinne mit knorrigen Steineichen – sie führt zum Beginn unserer Schlucht hinab. Wir steigen 30 Höhenmeter in dieser Rinne ab und wenden uns dann wieder nach rechts dem Grat zu. Es folgt ein weiterer Sattel (700 m), von dem wir zu einem waldfreien Hügel aufsteigen, dem **Monte su Tronu**. Genießen Sie nochmals den Rückblick auf die »Orgelpfeifen« des Lattias! Oben angekommen, peilen wir nun einen markanten Felsblock im Norden an, an dem der Weiterweg dann rechts vorbei nach Nordosten verläuft. Nun sind die Spuren deutlicher, dafür lassen die Markierungen nach. Ein breiter, erodierter Weg führt schließlich in Serpentinen hinab, bis wir in 500 m Höhe auf die markierte Route **Pepi Meloni** treffen. Hier rechts und zurück zum Forsthaus »Alle Case«!

Abweisend und undurchdringlich wirkt das zerklüftete Massiv des Monte Lattias.

6 Punta San Michele, 906 m

Panorama-Gipfel am Rande des Iglesiente-Massivs

Grotta San Giovanni – Punta San Michele – Riu Corovau – Grotta San Giovanni

Talort: Domusnovas, 148 m, kleiner Ort westlich von Cagliari und östlich von Iglesias, am Südrand des Berges.
Ausgangspunkt: Grotta San Giovanni, 192 m. Auf der SS 130, Ausfahrt Domusnovas. Von der Kirche den Hinweisschildern zur Höhle folgend. Nach 4,5 km, an der Einfahrt zur Höhle, ist der Parkplatz.
Gehzeiten: Höhle – Punta San Michele 2½ Std.; Gipfel – Riu Corovau 1 Std.; Riu Corovau – Höhle 1½ Std.; Gesamtzeit 5 Std.
Höhenunterschied: 714 m.
Anforderungen: Die Wanderung ist nicht schwer, erfordert aber im felsigen Bereich des Gipfelhanges Trittsicherheit. Wege nur teilweise markiert, aber meist deutlich.
Einkehr und Unterkunft: In Domusnovas Bars und Restaurants; in Iglesias Bars, Restaurants und Hotels.

Die Höhle von San Giovanni zählt zu den bekanntesten Naturmonumenten der Insel – die 700 m lange, natürliche Tropfsteinhöhle ist einzigartig auf der Welt: Sie besitzt zwei Eingänge und ist durch eine Straße erschlossen.

Vom Parkplatz gehen wir über die Brücke des **Riu sa Duchessa**, der durch die **San-Giovanni-Höhle** fließt, zur Kapelle. Dahinter folgen wir dem rot-weiß markierten Weg rechts haltend hinauf. In vielen Kurven schlängelt sich der schöne Muliweg unter den Felswänden der **Punta su Corru** hoch. Nach ¾ Std. erreichen wir eine Höhe von 470 m. Hier, kurz bevor es abwärts geht, verlassen wir den markierten Weg nach rechts (aufgepaßt: wenn wir absteigen und einen Zaun sehen, sind wir bereits an der Abzweigung vorbei). Erst durch den Wald, dann zwischen Macchia geht es stetig bergauf. Bei zwei Lichtungen halten wir uns am rechten Rand hinauf, bei einer dritten links davon. Ab hier wird der Weg schmaler, flacher, und teilweise geht es über Felsen. Bereits in diesem Teil der Wanderung haben wir ein beeindruckendes Panorama: Über **Domusnovas** und dem **Cixerri-Graben** erkennen wir den **Aquafredda**, einen Pyramiden-Berg mit einem Kastell. Auf 610 m gelangen wir auf eine Hochebene. Im Südwesten wird die **Punta San Michele** sichtbar – eine felsige Rippe zieht sich auf dem Nordostgrat hinauf, das ist unsere Aufstiegsroute. Wir gehen nun in westlicher Richtung (rechts

der Ebene) weiter und erreichen einen Zaun und die Felsrippe. Zunächst schlüpfen wir durch eine Lücke im Zaun, dann steigen wir *permanent* auf der felsigen Schneise entlang des Zaunes zum »antennengeschmückten« Gipfel auf – ein strammer Aufstieg, der uns schöne Ausblicke auf das Fluminese-Massiv mit dem Monte Linas im Norden sowie die Stadt Iglesias und die Sulcis-Kette im Süden beschert.
Vom Gipfel geht es ein Stück auf der Forststraße hinab. Nach 5 Min. weist ein Pfeil nach rechts. Hier beginnen wir den Abstieg auf dem rot-weiß markierten Waldweg. Früher war hier ein Köhlerweg, heute ist nur die Markierung richtungsweisend. Nach etwa 1 Std. Abstieg – wir befinden uns jetzt im **Corovau-Tal** – erreichen wir eine Wegteilung in 400 m Höhe. Der Hauptweg führt rechts hinauf und zurück zur Aufstiegsroute. Wir aber gehen geradeaus hinab (gelbe Markierung). Schon bald lassen wir den Wald hinter uns, der Forstweg wird jetzt zunehmend breiter. 10 Min. nach der Wegteilung, in einer großen Linkskurve, verlassen wir die Forststraße auf einem Weg nach rechts. Vorbei an zwei verfallenen Häusern (nicht auf dem deutlichen Weg nach der zweiten Ruine absteigen!) und über eine Wegkreuzung, halten wir uns auf einer Höhe von ca. 300 m *immer* geradeaus über eine Terrasse, die den ganzen Hang oberhalb des **sa Duchessa-Tales** quert. Unter uns liegen die **Azienda Avicola** mit ihren länglichen Bauten und die Straße, die durch die Tropfsteinhöhle führt. Unser Höhenweg führt uns nach ¾ Std. durch einen Tunnel und schließlich auf den markierten Weg am Beginn der Wanderung. Mit diesem gelangen wir zurück zum Ausgangspunkt.

Der fruchtbare Cixerri-Graben mit Domusnovas und Sulcis-Gebirge.

7 Témpio di Antas

Rundwanderung nahe des römischen Tempels von Antas

Antas – Grotta su Mannau – Antas

Talorte: Fluminimaggiore, 60 m, typisches Bergdorf im Westen, und Iglesias, 176 m, im Süden des Massivs. Busverbindung täglich.
Ausgangspunkt: Straße nach Témpio di Antas, 300 m: Auf der SS 126 Iglesias – Fluminimaggiore bis zur ausgeschilderten Abzweigung der Straße nach Témpio di Antas (bei km 54). Auf dieser 900 m weiter, parken entlang der Straße.
Gehzeiten: Parkplatz – Höhle 1¼ Std.; Höhle – Sattel 2 Std.; Sattel – Tempel ½ Std.; Tempel – Parkplatz ¼ Std.; Gesamtzeit 4 Std.
Höhenunterschied: 640 m.
Anforderungen: Leichte, kurze Wanderung, durchgehend markiert (blau, rotweiß), jedoch im letzten Teil des Aufstiegs steil und manchmal weglos.
Einkehr und Unterkunft: In Iglesias Hotels und Restaurants; in Fluminimaggiore Restaurants und Agriturismo.
Tip: Der Besuch der Grotta Su Mannau lohnt sich (auch kulturhistorisch in Verbindung mit Antas). Besuchszeiten von Juni bis September täglich 9.30 h – 13.00 h und 16.00 h – 20.00 h. Außerhalb der Saison auf Anfrage, Tel.: »Gruppo Grotte Fluminese« 0781/580189. Auch geführte Höhlenwanderungen in der Umgebung kann man buchen, die Ausrüstung wird gestellt.

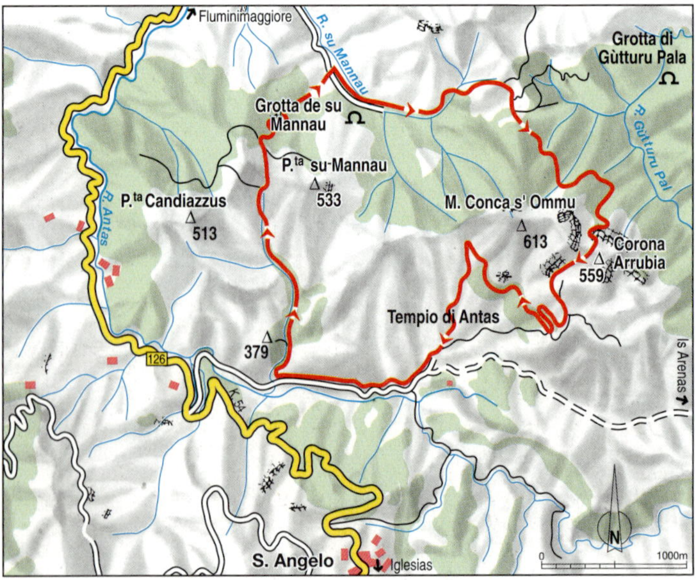

Die Wanderung führt am römischen Tempel von Antas vorbei.

Eine römische Straße stellte früher die Verbindung zwischen Antas und der Grotta su Mannau dar. Die Höhle wurde von den Römern, wie von den Völkerstämmen vor ihnen, als heilige Stätte verehrt.
900 m nach der Abzweigung zum Témpio di Antas weist links die erste Markierung (blaues Quadrat) in den Wald. An zwei Abzweigungen halten wir uns rechts, bis der schmaler werdende Weg in eine Feuerschneise mündet. Über uns befindet sich eine Hochspannungsleitung. Wir gehen geradeaus weiter, leicht bergab. Nach 5 Min., in einem flachen Stück, verlassen wir den breiteren Weg nach rechts hinunter. Von hier sehen wir in das Tal von Mannau und im Norden den Monte Arcuentu. Nun hinab zur Asphaltstraße und auf dieser rechts zur **Grotta su Mannau**, die wir rechts liegen lassen. Gleich danach erreichen wir das Ende des Asphalts (kleines E-Werk) und steigen auf dem Forstweg hinauf zu einem ersten grünen Sattel. Hier verlassen wir den Forstweg nach rechts und gelangen sogleich auf den rot-weiß markierten Sentiero Italia. Dieser führt auf der linken (östlichen) Seite des Bergrückens kurz bergauf, dann geht es eben dahin. Schließlich verlassen wir den Weg mit dem Sentiero Italia nach rechts oben, es wird steil und manchmal nicht ganz eindeutig. Zwischen **Conca s' Ommu** und **Corona Arrubia** erreichen wir den zweiten Sattel (550 m). In westlicher Richtung geht es zwischen Macchia weiter bis zu einem Zaun. Wir übersteigen ihn (Leiter) und gehen geradeaus weiter. Vorbei an einer Hausruine zur Rechten kommen wir auf einen Karrenweg. Unter uns sehen wir das Tal von Antas und die Tempelanlage, zu der wir nun absteigen. Kurz vor dem Tempel führt ein Pfad rechts hinauf, mit ihm umrunden wir die Tempelanlage und gehen hinab zum großen Parkplatz (Kiosk, altes Gehöft). Dann weiter zur Straße und auf dieser rechts zurück zum Ausgangspunkt (1 km).

8 Monte Lisone, 1082 m

Abwechslungsreiche Gratwanderung auf dem »Sentiero Italia«

Fluminimaggiore – Punta su Barracconi – Riu Fronti Luas – Monte Lisone – Punta Zinnibiri Mannu – Riu Bau Porcus – Fluminimaggiore

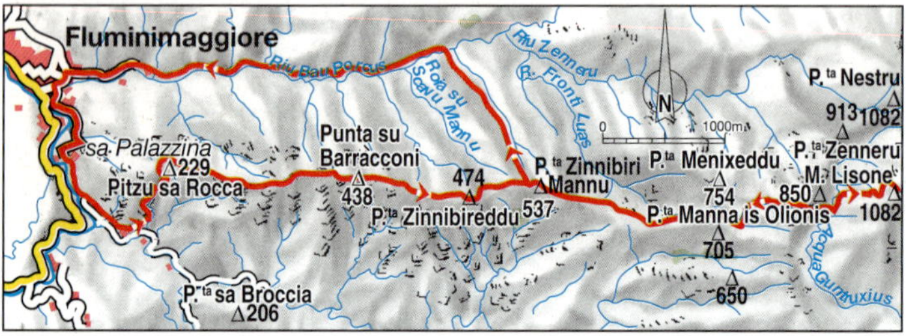

Talorte: siehe Tour 7.
Ausgangspunkt: Fluminimaggiore, 60 m. Von Süden kommend nach der ersten Brücke im Dorf rechts und noch einmal rechts hinauf. Unterhalb der »Palazzina« wird am Straßenrand geparkt.
Gehzeiten: Parkplatz – Punta su Barracconi 1½ Std.; Punta su Barracconi – Riu Fronti Luas 1½ Std.; Fluß – Sattel 1½ Std.; Sattel – Gipfel ¾ Std.; zurück 4 Std.; Gesamtzeit 9¼ Std.
Höhenunterschied: 1370 m.
Anforderungen: Diese Gratwanderung weist zwar keine technischen Schwierigkeiten auf, ist aber allein wegen der Länge anspruchsvoll und erfordert Trittsicherheit. Der Weg ist nur selten eindeutig, dafür aber durchgehend, teilweise sparsam markiert (rot-weiß).
Einkehr und Unterkunft: siehe Tour 7.

Im Massiv des Fluminese im Südwesten der Insel ist dank der CAI-Sektion Cagliari ein markiertes Wegenetz entstanden, dessen Hauptroute »Sentiero Italia« von der Grotte San Giovanni (Domusnovas) bis zum Monte Linas (Villacidro) durchgehend rot-weiß markiert ist. Eine lohnende Teilstrecke ist hier beschrieben.

Unterhalb der »**Palazzina**« wenden wir uns nach rechts der nicht asphaltierten Straße zu. Nach 0,5 km zweigt links ein steil ansteigender Weg ab, den wir weiterverfolgen. Links oberhalb eines Gehöftes gehen wir in östlicher Richtung und halten uns in einem Tälchen nach links hinauf. Auf einem Sattel rechts, den Hang querend, erreichen wir den Gratverlauf der Punta su Barracconi. Ab hier geht es nun teilweise auf dem Grat, teilweise rechts oder links davon, auf und ab (auf die Markierung achten!). Bereits von der **Punta su Barracconi** (438 m) haben wir einen schönen Blick zurück auf Fluminimaggiore, Monte Argentu und Corongiu 'e Muvronis. Vom Gipfel zunächst auf dem Grat, dann links davon bis zu einem weiteren markanten Sattel. Jetzt schlängelt sich der Weg durch dichtes Grün bis zur **Punta Zinnibiri Mannu** (537 m). Vor uns sehen wir eine Felspyramide, links davon einen Wasserfall.

Die markante Felspyramide am Grat zum Monte Lisone.

Hier verlassen wir den Grat und steigen links steil hinab zum **Riu Fronti Luas**. Unten am Bach erreichen wir einen deutlichen Weg, dem wir nach rechts bergauf folgen. Er quert schon bald den Bach, kommt aus dem Wald und steigt in teilweise felsigem Gelände weiter an. Am Rande eines Kessels schwenkt der Weg kurzzeitig nach Norden. Zwischen Zistrosen queren wir wieder in östlicher Richtung hinüber zu einem Sattel, steigen auf Pfadspuren den gegenüberliegenden Hang hinauf, halten uns dann rechts und kommen in ein Wäldchen. Danach, auf einer Höhe von 823 m, in einem Sattel, teilt sich der Weg. Links führt die rot-weiße Markierung weiter zum Linas-Gebirge, rechts eine gelb markierte Variante nach Arenas. Der Aufstieg zum Monte Lisone selbst ist nicht mehr markiert: Vom Sattel gehen wir zunächst in östlicher Richtung, überqueren einen Bach und sehen zur Linken eine Schäferhütte. Erst auf die Hütte zu, dann rechts daran vorbei bis zu einer Felsrippe. Wir halten nun auf die Felsen rechts des Vorgipfels zu und steigen – kurzzeitig durch hohes Gestrüpp – zu diesem auf. Der **Monte Lisone** entpuppt sich jetzt als ein mehrgipfeliger Berg. Wir gehen links am Hang in östlicher Richtung weiter und steigen dann hinauf zum höchsten Punkt. Von dort genießen wir einen schönen Blick auf das weitläufige Massiv des Monte Linas – an klaren Tagen reicht die Sicht bis zur Costa Verde und zur Bucht von Oristano. – Wir gehen auf demselben Weg zurück bis zur **Zinnibiri Mannu**. Vom äußersten rechten Rand der Felsen können wir rechts unten einen Forstweg und Hirtenhütten sehen – ein schmaler, immer breiter werdender Pfad führt in nordöstlicher Richtung davon hinab und geht in einen Forstweg über, mit dem wir wieder an den Riu Fronti Luas kommen (jenseits die Hirtenhütten). Später treffen wir auf den **Riu Bau Porcus**. Über den Holzsteg gelangen wir auf einen Fahrweg, der links nach Fluminimaggiore führt. Dort über die erste Brücke links zum Ausgangspunkt zurück.

9 Monte Corongiu 'e Muvronis, 651 m

Der »falsche« Monte Gennargentu, Aussichtsbalkon über Fluminimaggiore

Parkplatz – Monte Corongiu 'e Muvronis

Talorte: siehe Tour 7.
Ausgangspunkt: Km 57/IX, 160 m. Auf der SS 126, von Fluminimaggiore kommend, 1 km nach der Abzweigung zur Grotta su Mannau, befindet sich rechts am km-Stein 57/IX eine Baracke, ein Zaun und ein kleiner Parkplatz.
Gehzeiten: Parkplatz – Gipfel 2 Std.; Rückweg 1½ Std.; Gesamtzeit 3½ Std.
Höhenunterschied: 491 m.
Anforderungen: Leichte Wanderung, durchgehend auf breitem Weg bis zum Sattel, markiert (gelbe Quadrate). Vom Sattel zum Gipfel (50 m) weder markiert noch Weg vorhanden, aber leicht.
Einkehr und Unterkunft: siehe Tour 7.

Dieser formschöne, großartige Aussichtsberg fällt vor allem von seiner Ostseite wegen seiner Steilheit auf. Der felsige Gipfelaufbau mit dem hellen Kalkstein schimmert schon von weitem silbrig. Ob er deshalb auf der IGM-Karte als Monte Gennargentu, der »Silber-Sattel-Berg«, gekennzeichnet ist? Die Einheimischen kennen ihn nur als Monte Corongiu 'e Muvronis, »Mufflon-Fels«, und mit dem Gennargentu-Massiv im Osten der Insel hat er gar nichts gemeinsam.
Bereits am Parkplatz finden wir die erste gelbe Markierung. Hinter dem Zaun folgt sie dem breiten Weg, der am Bach entlang in westlicher Richtung ansteigt. Bei zwei Weggabelungen bleiben wir links und erreichen einen Forstweg, hier rechts. Langsam, aber stetig steigen wir in zahlreichen Serpentinen bis zum Sattel (598 m) zwischen der Punta Bau Mannu und dem »falschen« Monte Gennargentu hinauf. Hier erreichen wir den »Sentiero Italia«, der von Süden nach Norden über dem Gebirgskamm verläuft (rot-weiß markiert). Bereits von hier genießen wir einen reizvollen Ausblick auf die einsame Bucht, die zur Küste von Buggerru gehört. Vom Sattel steigen wir rechts haltend hinauf zum höchsten Punkt des **Monte Corongiu 'e Muvronis** (651 m), der von seiner Westseite leicht zu erreichen ist (weglos). Die Aussicht ist großartig: Im Norden sehen wir die gesamte Costa Verde zwischen Capo Pecora und Monte Arcuentu, im Osten haben wir das halbe Fluminese-Massiv mit Monte Lisone vor uns.

Blick vom Gipfel auf die Aufstiegsroute.

10 Punta Piscina Irgas, 691 m

Genußreiche Rundwanderung zur Punta Piscina Irgas

Forsthaus – Riu Oridda – obere Irgas-Kaskaden – Punta Piscina Irgas – Forsthaus

Talort: Villacidro im Osten des Monte Linas.

Ausgangspunkt: Straße unterhalb Caserma Forestale Monti Mannu, 335 m. Von der SS 196 im Süden des Ortes auf einer Asphaltstraße den Beschilderungen Richtung »Diga Riu Leni« (Staumauer) und »Monti Mannu« folgend, erreichen wir den Stausee und am Ende des Asphalts eine Straßenteilung. Hier links Richtung »Monti Mannu«, vorbei an Bergwerksanlagen (links) bis zum Forsthaus. An der Baumschule entlang der Straße parken.

Gehzeiten: Parkplatz – obere Kaskaden 2 Std.; Kaskaden – Punta Piscina Irgas 1 Std.; Gipfel – Parkplatz 1½ Std.; Gesamtzeit 4½ Std.

Höhenunterschied: 370 m.

Anforderungen: Leichte Wanderung auf größtenteils deutlichen, rot-weiß markierten Wegen. Im Gipfelbereich felsiges, wegloses Gelände. Der Abstecher zu den Kaskaden erfordert Trittsicherheit.

Einkehr und Unterkunft: In Villacidro Bars, Restaurants, Hotels, Agriturismo. Nach Rücksprache mit der Forstverwaltung auch Zelten im Parkbereich möglich.

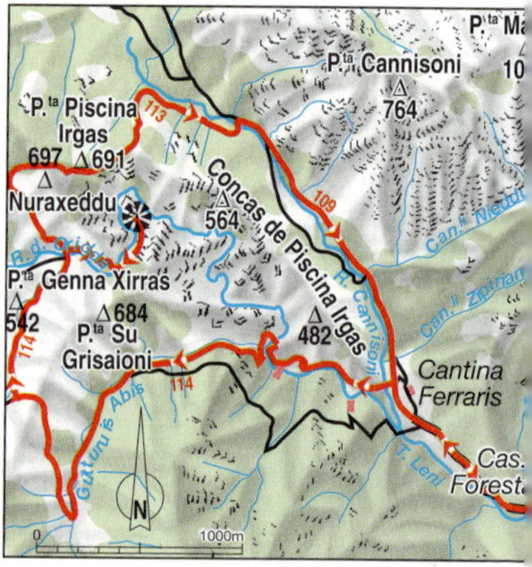

Die Region Sardinien hat kürzlich mit großem finanziellem Aufwand im Bereich des Monte Linas ein Netz von numerierten Wanderwegen markieren lassen und diese reizvolle Landschaft endlich für den Wandertourismus erschlossen. Leider gibt es keine Wegebetreuung – so wuchern auch hier die Wege nach kürzester Zeit zu, verblassen allmählich die Markierungen.
Wir wandern in Fahrtrichtung am **Torrente Leni** auf dem markierten Weg Nr. 109 bis zum Zusammenfluß der beiden Flüsse **Oridda** und **Cannisoni**. Hier, in einer großen Lichtung (Cantina Ferraris) gehen wir links. Eine derzeit nicht sehr vertrauenserweckende Hängebrücke ist über den Rio Cannisoni gespannt. Wir überschreiten den Fluß und folgen nun dem markierten Weg Nr. 114 in leichtem Auf und Ab bis zum Ufer des Rio Oridda, den wir sogleich überqueren. Wir folgen weiter der rot-weiß markierten Route, die nach Süden schwenkt und sich mit der Forststraße vereint, die links vom Forsthaus hochkommt. Auf 620 m, bei einer Wegteilung, halten wir uns rechts und steigen in die Ebene zum Riu Oridda ab. Hier trennen sich die Wege: Nr. 114 führt links nach Westen zum weit entfernten Monte Lisone, unser Weiterweg

Blick von der Punta Piscina Irgas in das Oridda-Tal.

Nr. 113 führt in nördlicher Richtung (Pinienforst) zur Punta Piscina Irgas. Zunächst gehen wir rechts zu den Kaskaden: Wir folgen dem Bach, wechseln an sein linkes Ufer, entfernen uns von ihm und steigen durch einen Wald ab (Pfadspuren und rote Punkte). Im felsigen Flußbett angekommen, queren wir es an geeigneter Stelle und laufen oben parallel dazu. Dann nähern wir uns wieder dem Bachbett. Der Blick hinab zu den ersten Kaskaden ist beeindrukkend. Rechts steigen wir ein Stück auf und queren zum gegenüberliegenden Hang, von wo wir die verschiedenen Kaskaden einsehen können (Vorsicht!). Auf demselben Weg zurück zu den Markierungen am Zaun. Wir schlüpfen durch den Zaun, gehen parallel dazu weiter, finden etwa 80 m nach der Zaunlücke links eine Schneise und gehen hier nördlich weiter. Wir treffen wieder auf den Zaun, kriechen unten durch und gehen in nordöstlicher Richtung durch Macchia weiter (»versteckte« Markierungen). Schließlich erreichen wir den felsigen Hang der Punta Piscina Irgas. Die Markierungen führen, den Hang querend, nach Osten. Beeindruckend ist der Tiefblick in das weite obere Tal des Riu Oridda und zum riesigen Wasserfall **Piscina Irgas**, der mit einer Höhe von 45 m der höchste Sardiniens ist. Wir steigen links hinauf zum Gipfel der **Punta Piscina Irgas** (691 m), von dem wir im Norden u.a. die Punta Perda de sa Mesa (1236 m), den höchsten Punkt des Linas-Massivs, sehen.

Vom Gipfel gehen wir wieder zurück zu den Markierungen, queren dann den Hang nach Osten und wandern zum **Cannisoni-Tal**. Später auf einem breiten Muliweg in das Tal hinab. Unten wird das breite Flußbett sofort zum linken Ufer überquert, und parallel dazu, auf dem Sentiero Nr. 109, geht es wieder zu der Lichtung und zum Forsthaus.

11 Durch die Oridda-Schlucht zum Piscina Irgas

Schluchtwanderung vorbei an tiefen Gumpen und steilen Wasserfällen zum höchsten Wasserfall der Insel

Forsthaus – Riu Oridda – Piscina Irgas – Riu Cannisoni – Forsthaus

Ausgangspunkt: siehe Tour 10.
Gehzeiten: Parkplatz – Piscina Irgas 3 Std.; Wasserfall – Pta. Piscina Irgas ½ Std.; Pta. Piscina Irgas – Riu Cannisoni ½ Std.; Riu Cannisoni – Parkplatz 1 Std.; Gesamtzeit 5 Std.
Höhenunterschied: 420 m im Aufstieg, 380 m im Abstieg.
Anforderungen: Anspruchsvolle Schluchtwanderung in weglosem, wasserführendem Gelände. In der wasserreichen Winterzeit ist die Begehung durch nasse, glatte Felsen erschwert. Der Rückweg verläuft auf leichter, rot-weiß markierter Route.
Einkehr und Unterkunft: siehe Tour 10.

Das Gebiet des Monte Linas und sein überwiegend granitenes Landschaftsgebilde gehört zum nördlichen Iglesiente und ist im Bereich der Gemeinden Villacidro und Gonnosfanàdiga noch ziemlich ursprünglich und somit ideal für Bergsteiger und Wanderer. Zahlreiche Flüsse mäandrieren durch steile und enge Täler, wobei die Wanderung durch das Oridda-Tal eine ausgesprochene Genußtour mit sportlichen Akzenten darstellt.

Vom Parkplatz wandern wir wie bei Tour 10 beschrieben bis zum Ufer des **Riu Oridda**. Hier verlassen wir den markierten Karrenweg, der sich jenseits des Flusses fortsetzt, gehen sogleich nach rechts und beginnen im und am Flußbett unsere Schluchtbegehung. Die Routenwahl hängt vom Wasserstand ab. Vorbei an einigen Gumpen aufwärts, erreichen wir eine größere Gumpe, an deren linkem Rand wir über einige Stufen hochsteigen. Die Kraft des Wassers hat hier unglaublich schöne Formen entstehen lassen. Die nächste Gumpe ist von glattgeschliffenen Felsen eingerahmt, ein 5 m hoher Wasserfall rauscht hinab. An seinem Rand gehen wir hoch (Vorsicht, bei Nässe rutschig!). Die Schlüsselstelle ist ein 15 m hoher Wasserfall, der in eine riesige Gumpe stürzt. Ohne technische Hilfsmittel ist diese Stelle unbegehbar. Wir halten uns am rechten Rand der Schlucht und steigen ca. 40 m über Felsen hinauf, um dann in einer Hangquerung leicht absteigend wieder das Flußufer zu erreichen. Flach und weit präsentiert sich die Schlucht im nun folgenden Abschnitt und schwenkt in weitem Linksbogen um eine Felsrippe, die sich von Süden in ein Amphitheater aus steilen Felswänden hineinschiebt. Dem Wasserlauf folgend, erreichen wir schließlich den **Piscina Irgas**. Etwa 70 m stürzt sich das Wasser in mehreren Stufen in die Tiefe, das letzte Stück vor uns ist 45 m hoch, als höchster Wasserfall der Insel ein Naturmonument. Vor dem kleinen See geht es rechts über eine steinige Rinne zu einer Scharte hinauf und am Grat rechts haltend zur **Punta Piscina Irgas** (691 m), wo sich nochmals ein umfassender Ausblick auf die Schlucht und den Wasserfall bietet. Hier treffen wir auf die Markierung Nr. 113 und steigen zum Forsthaus ab (siehe Tour 10).

Die Schluchtwanderung führt uns an zahlreichen Gumpen und Wasserfällen vorbei.

12 Punta Perda de sa Mesa, 1236 m

Einsame Wanderung zum höchsten Punkt des Linas-Gebirges

Riu Piras – Canali Mau – Genn 'e Impi – Punta sa Cabixettas – Punta Perda de sa Mesa

Talort: Gonnosfanádiga am Nordfuß des Monte Linas. Tägl. Busverbindung.
Ausgangspunkt: Brücke über den Riu Perda 'e Pibera, 282 m. Von der SS 197 Sanluri – Gúspini links abbiegen nach Gonnosfanádiga. Im Ort über die Brücke des Riu Piras, dann der Beschilderung zum »Parco Comunale Perda 'e Pibera« folgen. Eine Asphaltstraße führt entlang des Flusses. 3,25 km vom Dorfausgang erreichen wir eine Brücke. Hier rechts und parken.
Gehzeiten: Brücke – Canali Mau 1½ Std.; Schlucht – Genn 'e Impi 1¼ Std.; Paß – Pta. Perda e sa Mesa ½ Std.; Abstieg 2½ Std.; Gesamtzeit 5¾ Std.
Höhenunterschied: 954 m.
Anforderungen: Unschwierige, durchgehend markierte Wanderung (rot-weiß, 102, 103), jedoch größtenteils ohne eindeutige Wege. Trittsicherheit und Kondition sind erforderlich.
Einkehr und Unterkunft: In Gonnosfanádiga Restaurants und Bars; in Gúspini ein Gasthaus; in Villacidro Hotels, Agriturismo.

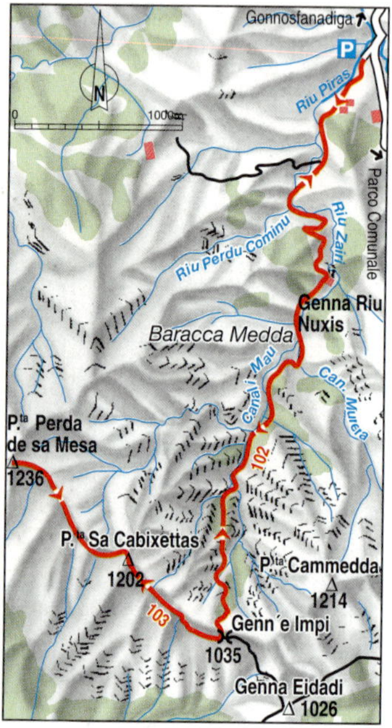

»Monte Linas« bedeutet »Brennholzberg«. Das Massiv macht in seinem nördlichsten Teil seinem Namen auch alle Ehre – die kahlen Gipfelregionen sind Zeugen einer rigorosen Abholzung des Gebiets. Doch das einsame Tal zum Genn 'e Impi spart nicht mit wilder Schönheit, und auch der Weiterweg zum höchsten Gipfel des Bergstocks hat durchaus seine Reize. Die Gemeinde Gonnosfanadiga kümmert sich zudem liebevoll um die Markierung und Beschilderung der Wanderwege.

Von der Brücke folgen wir dem breiten Weg nach Südwesten. Er hält sich zunächst links des **Riu Piras**, überschreitet diesen dann und führt hinein in das Tal des **Riu Zairi**. Vor Beginn des engen, steilen Tales endet der ausgebaute Weg. Der Bau dieses Forstweges, 1982 zur Abholzung der Hänge in Angriff genommen, wurde wegen einer Überschwemmung nicht

Neuerdings hat die CAI-Sektion Cagliari mit intensiven Markierungsarbeiten begonnen. Der Weg zum höchsten Gipfel des Linas-Gebirges ist sogar beschildert.

mehr fortgeführt. Deshalb finden wir noch Reste dieses Weges bis 554 m Höhe. Rechts ist die Schlucht **Canali Mau** – zahlreiche technisch schwierige Schluchtbegehungen sind in diesem Bereich möglich (siehe Seite 18). Wir müssen jetzt gut auf die Markierungen achten, die über unwegsames, steiles Gelände zur **Genn 'e Impi** hinaufführen.
Oben gabelt sich der Weg (Hinweistafel). Rechts, nach Norden (Weg 103), beginnt der Aufstieg zum Gipfel. Auf dem deutlichen Rücken, der sich über die **Punta sa Cabixettas** und einen Sattel hinaufzieht, wandern wir zum höchsten Punkt der **Punta Perda de sa Mesa**. Über den Campidano-Graben zum Monte Arcuentu und den Golfo di Oristano hinweg kann man weite Teile der Westküste überschauen. Im Osten blicken wir vom Sarcidano bis zum Gennargentu-Massiv und im Süden und Westen auf »ein Meer von Gebirge«: der Iglesiente. Auf demselben Weg zurück.

13 Punta Cammedda, 1214 m

Ein Aussichtsberg auf leichten Wegen

Gemeindepark – Genna Farracceus – Punta Cammedda – Genna Eidadi – Parkplatz

Talort: siehe Tour 12.
Ausgangspunkt: Parco Comunale Gonnosfanádiga, 360 m. Anfahrt siehe Tour 12. Vom Dorfausgang jedoch 5 km auf der Asphaltstraße bis zum Parkplatz.
Gehzeiten: Parkplatz – Genna Farracceus 1 Std.; Paß – Wegteilung ½ Std.; Wegteilung – Punta Cammedda 1 Std.; Gipfel – Genna Eidadi ½ Std.; Sattel – Parkplatz 1¼ Std.; Gesamtzeit 4¼ Std.
Höhenunterschied: 854 m.
Anforderungen: Leichte Wanderung, durchgehend markiert (rot-weiß). Weg Nr. 105 deutlich, Nr. 104 weglos.
Einkehr und Unterkunft: siehe Tour 12.

Zum Iglesiente-Massiv, dem ältesten Gebirge Italiens, gehört auch der Gebirgsstock des Monte Linas, der höchste und nördlichste Teil des Massivs. Im Kambrium vor 570 Millionen Jahren entstanden, war der Iglesiente über Jahrhunderte die »Mineralien-Schatzkammer« der Insel. Entsprechend sind heute weite Teile des Gebiets »durchlöchert«, und viele alte, heute brachliegende Bergwerksstädte und -halden bestimmen das Landschaftsbild. Die Gemeinde Gonnosfanádiga hat ihr ehemaliges Bergwerk zu einem »Parco Comunale« umgestaltet.

Vom Parkplatz im Parco Communale steigt ein breiter Forstweg, vorbei am Bergwerk und an Forsthäusern, im Eichenwald bergan – er führt im Tal des **Riu Perda 'e Pibera** (der Vipernstein) hinauf. Wir passieren eine Schranke (rechts) und erreichen nach einigen Kehren den Paß **Genna Farracceus** (694 m) an einem Grenzzaun (links zweigt der Weg Nr. 107 ab). Weiter auf der Forststraße und vorbei an den Antennen steigt der Weg bis 960 m an. Im Flachen verlassen wir den breiten Weg und nehmen rechts den Weg Nr. 104. Hier, den Markierungen folgend, queren wir den Hang nach Westen und später weglos weiter über Felsen nach Norden zum Gipfel der **Punta Cammedda**. Von dort überblicken wir das enge Tal mit den bizarren

Granitfelsen der Schlucht **Canali Mau** im Norden. Darüber erhebt sich die Punta Perda de sa Mesa, der höchste Gipfel des Linas-Massivs.
Auf dem breiten Südwestgrat der Punta Cammedda steigen wir nun hinab zum Paß **Genna Eidadi** (1026 m) und erreichen wieder Weg Nr. 105. Andere Wanderrouten zweigen hier in verschiedene Richtungen ab. Wir laufen links, östlich, auf einem Pfad entlang des Grenzzaunes. Über felsiges Gelände kommen wir an einen eckigen Betonbau (Wasserauffangbehälter). Hier gelangen wir wieder auf den Fahrweg, passieren weitere Wasserreservoirs, kommen vorbei an der Abzweigung zum Gipfel und wandern nun auf dem bekannten Weg zurück zum Gemeindepark.

Die Punta Cammedda.

14 Monte Arcuentu, 784 m

Zwischen unberührter Costa Verde und fruchtbarem Campidano-Graben

Straße – Genna Flore – Monte Arcuentu

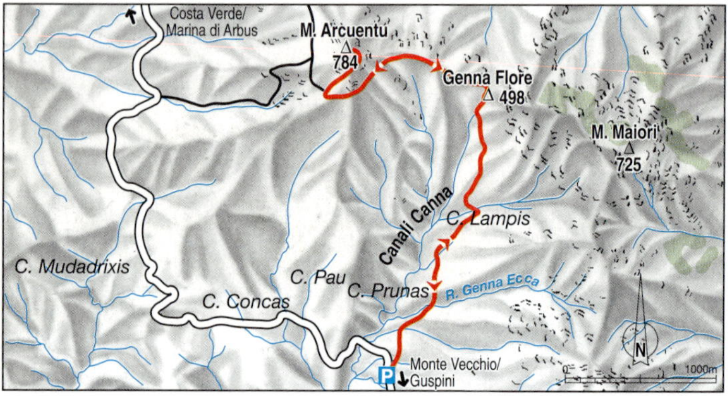

Talort: Gúspini im Südosten des Massivs.
Ausgangspunkt: Straße zwischen Monte Vecchio und Marina di Arbus, 220 m. Auf der SS 197 nach Gúspini und im Norden der Ortschaft zum Monte Vecchio. Oben am Paß (370 m) rechts, der Beschilderung »Costa Verde, Marina di Arbus« auf der Asphaltstraße folgen. 4 km nach dem Paß zweigt rechts ein breiter Weg ab – der Beginn unserer Wanderung. Kurz vorher links der Straße parken.
Gehzeiten: Straße – Genna Flore 1 Std.; Paß – Gipfel 1½ Std.; zurück 2 Std.; Gesamtzeit 4½ Std.
Höhenunterschied: 564 m.
Anforderungen: Unschwierige Wanderung auf überwiegend deutlichen, aber nicht markierten Wegen. Keine Orientierungsprobleme.
Einkehr und Unterkunft: In der Saison Bars, Restaurants und Hotels an der Costa Verde (tägl. Busverbindung). Sonst in Gúspini Gasthaus, in Villacidro Hotels, Agriturismo.

Dieser nördliche Ausläufer des Iglesiente ist vulkanischen Ursprungs und geomorphologisch hochinteressant. Schon von weitem erkennt man seine Formenvielfalt. Von Süden nach Norden fällt er mit einem bizarren Grat zum Golfo di Oristano ab und trennt die Costa Verde von der Campidano-Ebene. Der Weg zweigt vom Asphalt schräg nach rechts ab und entfernt sich bald von der Straße in nordöstlicher Richtung. Der Monte Arcuentu und sein südlicher Grat sind von hier zu sehen. Wenig später passieren wir ein Gatter und kommen an einer kleinen Hütte vorbei (Casa Prunas). Den Genna Flore, einen markanten Sattel, sehen wir direkt vor uns. Nun geht es auf dem breiten Weg zum nächsten Gehöft (Casa Lampis). Hier verliert sich der Weg für kurze Zeit. Wir gehen im Flachen weiter und treffen am Rande der

Vom Monte Arcuentu (ganz rechts) zieht ein 8 km langer, felsiger Grat nach Norden.

Macchia auf einen deutlichen Pfad, der freigeschlagen ist. Vom **Genna Flore** (498 m), zwischen Monte Arcuentu und Monte Majori, können wir einen ersten Blick auf die fruchtbare Campidano-Ebene werfen. Wir klettern über den Weidezaun und steigen an diesem entlang in nördlicher Richtung, permanent am Grat bleibend, steil hinauf (teilweise Pfadspuren). Die Basaltmauern auf der Strecke sehen aus wie Ruinen riesenhafter Schlösser aus der Urzeit. An den steilen Felsen des **Monte Arcuentu** angekommen, steigen wir wieder über den Zaun. Einige große Eichen stehen hier, und im Süden sehen wir die Felslandschaft des Monte Majori. Am Fuße der steilen Wände gehen wir auf der Spur nach Westen und um den Berg herum. Über eine Felsstufe hinab, fällt uns sofort rechts der Kreuzweg zum Gipfel auf (Bronzetafeln und Markierungen). Steil, über die Felsstufen, steigen wir hinauf, halten uns bei Abzweigungen rechts und zum Schluß flach in nördlicher Richtung. Durch einen schattigen Wald kommen wir vorbei an einigen Kapellen. Hier ging ein Ordensbruder für mehrere Tage im Jahr in Klausur. Heute noch pilgern seine Anhänger und Gläubige hier hoch. Nördlich des waldfreien höchsten Punktes können wir einen Blick auf den bizarren Gratverlauf werfen. Dahinter sehen wir den Golf von Oristano, die Halbinsel Sinis und die schachbrettartigen Felder von Arborea. Jenseits des Campidano-Grabens erhebt sich das Vulkanmassiv des Monte Arci, rechts davon die Tafelberge der Giara und links in der Ferne das Gennargentu-Massiv. Entlang der Küste hält die Costa Verde, was sie mit ihrem Namen verspricht. In der grünen Wildnis fallen die Dünen »Is Arenas« besonders auf.

15 Gratüberschreitung Monte Arcuentu, 784 m

Faszinierende Gratwanderung im Felsenlabyrinth

Bidda Atzei – Monte Arcuentu – Genna Limpia – Bruncu is Burras – Casa su Ergu

Talort: Gúspini im Südosten des Massivs.
Ausgangspunkt: Brücke bei Bidda Atzei, 295 m. Auf der SS 197 nach Gúspini und im Norden der Ortschaft zum Monte Vecchio. Oben am Paß (370 m) rechts, Richtung Marina di Arbus/Costa Verde. 8 km nach der Paßhöhe ist eine hohe Brücke erreicht. Kurz vorher in einer Ausbuchtung links der Straße parken.
Gehzeiten: Parkplatz – Monte Arcuentu 1½ Std.; Gipfel – Genna Limpia 1 Std.; G. Limpia – Casa su Ergu 2½ Std.; Gesamtzeit 5 Std.
Höhenunterschied: 850 m
Anforderungen: Die Aufstiegsroute ist eindeutig, der Steilhang bis zum Gipfel markiert (gelb). Sonst keine Wege und Markierungen. Gute Orientierung und Trittsicherheit sind wichtig.
Einkehr und Unterkunft: siehe Tour 14.

Gratwanderungen haben einen ganz besonderen Reiz. Mit wenig Höhenunterschieden kann man über längere Zeit die Umgebung aus der »Vogelperspektive« betrachten. Ganz besonders gilt dies für den Gratrücken des Monte Arcuentu: Die Zickzack-Wanderung in diesem faszinierenden Felsenlabyrinth mit seinen zahlreichen Schikanen ist ausgesprochen erlebnisreich. Unmittelbar vor der Brücke finden wir rechts ein Gatter. Dahinter steigen wir in östlicher Richtung über Weideland. In 427 m Höhe geht es nördlich, direkt unterhalb der Felsen hinauf (Gipfelbesteigung siehe Tour 14). Vor der

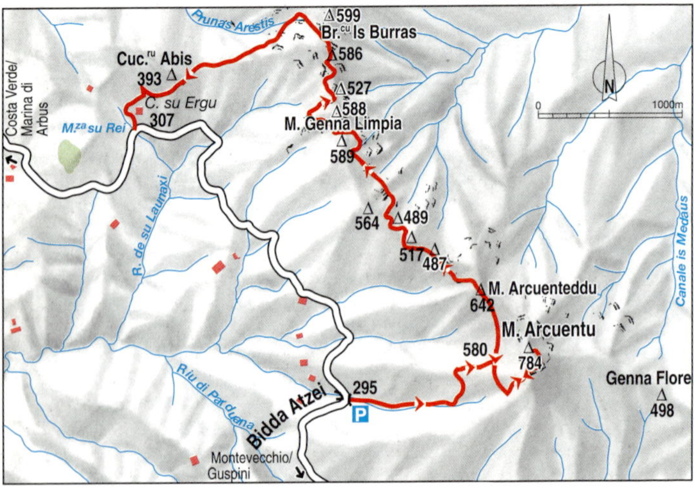

Die Gratüberschreitung des Monte Arcuentu ist eine abwechslungsreiche Kraxelei.

Steilpassage zum Gipfel in 580 m Höhe halten wir uns in nördlicher Richtung, überschreiten ein Felsband und queren den Hang, bis wir den **Monte Arcuenteddu** (kleiner Arcuentu) erreichen. An diesem und auch am nächsten Felsturm links vorbei. Das nächste markante Glied in der Kette am Grat ist der sanft geneigte Rücken des **Genna Limpia**. Noch vor seinem höchsten Punkt steigen wir nach rechts ab und queren dicht unterhalb der Felsen zum nächsten Sattel hinauf. Ein formschöner, steiler Felskopf stellt sich nun im Gratverlauf in den Weg. Wir steigen also vom Sattel ein kurzes Stück nach links hinab, queren knapp unterhalb der steilen Wände den Hang und erklimmen über eine mit Flechten bewachsene Rippe wieder die Grathöhe. Hier wechseln wir auf einer grünen Rampe zur Ostseite und steigen ein Stück hinab. Zwischen Felsen und einer Baumgruppe sowie durch dichten Bewuchs geht es dann wieder zum nächsten Einschnitt hinauf. In nördlicher Richtung abwärts, wieder hinauf zu einer Baumgruppe und nach rechts auf den pilzförmigen Felsen, den **Bruncu is Burras**, zu. Wir lassen diesen rechts liegen und erreichen das nächste Kuriosum: eine Felsnadel, die umzukippen droht. Auch diese lassen wir rechts liegen. Vor uns erscheint eine Wand mit einer breiten Basaltader. Hier gehen wir rechts hoch und kommen zwischen zwei steile Felswände. Von dort sehen wir über Weidegelände, daß der Gratverlauf nach Osten schwenkt. Wir brechen die Gratwanderung ab, gehen zwischen den Felsen durch und beginnen nach links den Abstieg. Das Tal rechts von uns, **Prunas Arestis**, wird am oberen Rand gequert. Das Ziel ist ein markanter Hügel, der **Cúccurru Abis**. Wir erreichen ihn über Weidegelände und an Felsen rechts entlang. Dann queren wir seine Südhänge. In einer Ebene gehen wir über einen Weidezaun, bis zu einem breiten Weg. Hier rechts bis zu einer Schotterstraße und vorbei am **Ovile su Ergu** hinab zur Asphaltstraße. Auf dieser zurück zum Ausgangspunkt (3,6 km).

Der Westen

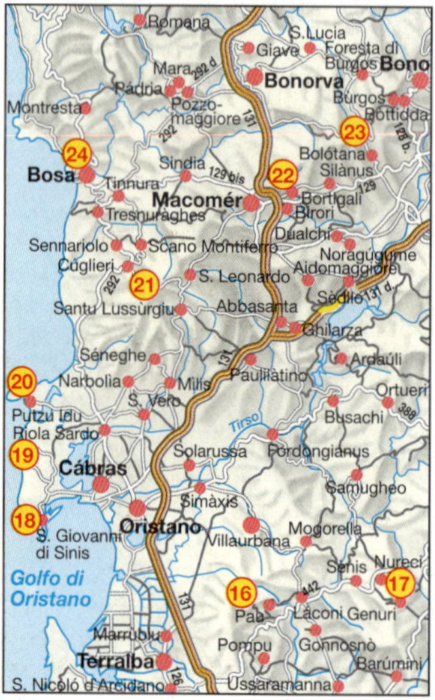

Landschaftlich unverwechselbar sowie kunst- und kulturhistorisch hochinteressant und reich an Tradition ist der Westen der Insel. In allen geschichtlichen Epochen war der fruchtbare, vulkanische Boden der Landschaft um den Golf von **Oristano** begehrt und umkämpft. Die wechselnden Herren der Insel verdrängten die Urbevölkerung, die Nuragher, immer mehr in das karge Gebirge des Ostens. Die vielen Nuraghen, die man hier im Westen der Insel finden kann, sind allerdings der Beweis dafür, daß diese Landstriche auch schon in der prähistorischen Epoche begehrt und intensiv genutzt waren.

Die Landschaft von **Logudoro**, die sich die Provinzen Sassari und Nuoro teilen, ist seit jeher eine der reichsten Regionen Sardiniens gewesen. Die Landwirtschaft war und ist dort von großer Bedeutung. Die Hochregionen dieses Landstrichs – eine zusammenhängende Gebirgskette – bieten alle Variationen landschaftlicher Schönheit: das Vulkangestein des **Montiferru**, den Trachyt des **Marghine** und den Granit des **Gocéano**. Zwischen Macomer und Bosa pendelt im Sommer ein von einer Dampflok betriebener Bummelzug als touristische Attraktion. Der Fiume Temo, der einzige schiffbare Fluß der Insel, fließt bei Bosa ins Meer. Das Städtchen mit den alten Gassen und dem Kastell Serravalle ist ein seltenes Schmuckstück in der fruchtbaren **Planargia**. Südlich erstreckt sich eine Hochebene bis hin zum wuchtigen Vulkanmassiv des Montiferru. Entlang der Küste, von Wachturm zu Wachturm, kann man stundenlang wandern und laufend Neues erleben. Ein Naturreservat ersten Ranges ist die **Halbinsel Sinis** mit den stagni (Lagunen), wo sich unzählige Flamingos und andere Vogelarten aufhalten. Am Capo San Marco befinden sich die Ausgrabungen von Tharros, der Stadt der Phönizier. Sie errichteten hier ihre erste Handelsniederlassung im westlichen Mittelmeer, und ihr Erfolg verlockte Punier, Karthager und Römer zur Nachahmung. Alle haben sie hier ihre Spuren hinterlassen: Bei Fordongianus existieren noch Reste römischer Thermen, und im Dorf steht das »Aragonesische Haus«, in dem sich eine Bibliothek befindet. Santa Cristina,

Im Frühjahr breitet die Natur den »sardischen Teppich« aus.

eine der zahlreichen typischen Landkirchen Sardiniens und zugleich eine beliebte Pilgerstätte, füllt sich an Festtagen mit einem bunten Völkchen, das fromm und doch fröhlich hier feiert. Nahe dieser »Chiesa Campestra« wurde eine Nuraghersiedlung ausgegraben. Dabei kam ein sensationeller Fund zu Tage: ein aus Trachyt gebauter Sakral-Brunnen, wie bislang noch kein zweiter entdeckt wurde. Oristano, die saubere, freundliche und mit viel Atmosphäre ausgestattete Provinzhauptstadt, besitzt unter den vielen Sehenswürdigkeiten ein »Antiquarium« – eine interessante Sammlung prähistorischer Gegenstände, die im Umkreis gefunden wurden. Der »Nil Sardiniens«, wie der **Tirso** genannt wird, fließt bei Oristano ins Meer. Früher war das Mündungsdelta des längsten Flusses der Insel wegen der Malariagefahr eine unwirtliche Gegend. Heute dagegen – nach seiner Trockenlegung – ist es das landwirtschaftlich bedeutendste Gebiet der Insel. Bei Barumini, am Fuße der Basalthochflächen der Giara, liegt die Ausgrabungsstätte Su Nuraxi, einer der größten Komplexe aus prähistorischer Zeit auf der Insel. Dort in der Nähe, bei Las Plasas, ragt auf dem gleichnamigen pyramidenförmigen Hügel ein spanisches Kastell auf. Dieser Region, wegen der sanften Hügel **La Marmilla** (die Brust) genannt, schließt sich der **Sarcidano** an. Diese Ausläufer des Gennargentu-Massivs fallen zum Campidano-Graben ab und gehören zu den zauberhaftesten Ecken der Insel: schöne Bauerndörfer, Wein-, Oliven- und Obstgärten. Von Februar bis April, zur Blütezeit der Mandel- und Obstbäume, sind sie mit einem weißen Schleier überzogen. Die saftigen Weideflächen zwischen dem Meer und den Bergen und die Hänge des Vulkans Monte Arci werden noch heute von den Schäfern und ihren Herden genutzt. Auf ihren Spuren kann man hier von Dorf zu Dorf wandern und die Begegnungen mit den Einheimischen genießen.

16 Monte Arci, 730 m

Ein ehemaliger Vulkan spendet Sommerfrische

Campeggio Sennixeddu – Pranu sa Mesa – Aquafrida – Mitza Fustiolau – Sennixeddu

Talort: Pau, im Südosten des Massivs. Täglich Busverbindung.
Ausgangspunkt: Pizzeria Sennixeddu, 545 m. Auf der Schnellstraße SS 442 (Richtung Láconi/Ales) über Morgongiori und Ales Richtung Pau fahren. Kurz vor dem Dorf links Ausschilderung zum »Campeggio Sennixeddu«. 4 km nach Pau ist der Parkplatz am Restaurant erreicht.
Gehzeiten: Parkplatz – Aquafrida 1½ Std., Quelle – Aussichtspunkte ¾ Std., Rückweg 1 Std.; Gesamtzeit 3¼ Std.
Höhenunterschied: 200 m.
Anforderungen: Durchgehend leichte Bergwanderung auf markierten Wegen (rote Pfeile).
Einkehr und Unterkunft: In Pau »Campeggio Sennixeddu« mit Bars, Restaurants, Camping und heimeligen, kleinen Bungalows mit Schlafkammer, Bad und Kochnische.

Der Monte Arci, ein ausladender Bergstock mit den unauffälligen höchsten Punkten Trebina Lada, 795 m, und Trebina Longa, 812 m, ist ein ehemaliger Vulkan. So steht er völlig isoliert am Rande der fruchtbaren Hügellandschaft der Marmilla. Wegen seiner besonderen Lage ist das Hochplateau des Monte Arci zur Energie-Erzeugung mit zahlreichen Windrädern versehen. Oberhalb des Dorfes Pau befinden sich zahlreiche Quellen, darunter Sennixeddu (»Ort der Erholung«), die eine beliebte Sommerfrische darstellen.

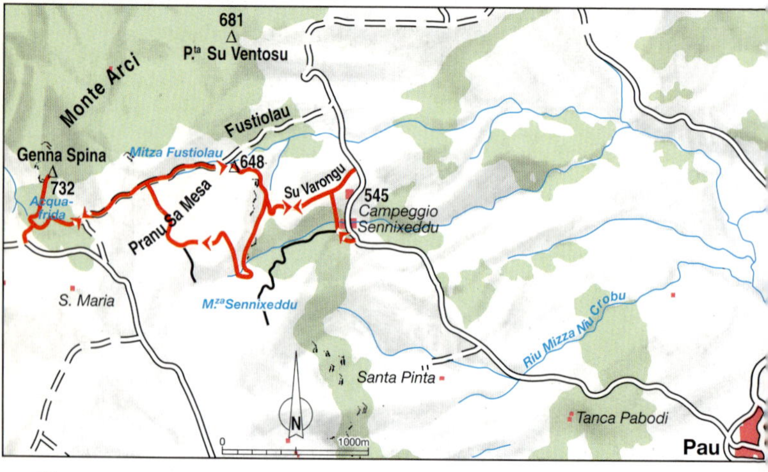

Am frühen Morgen und jeden Abend kann man die Hirten beim Melken beobachten.

Vom Parkplatz, vor der überdachten Freibühne links der Straße, zweigt ein Weg nach Osten ab. Diesen verfolgen wir nach oben, biegen sofort bei erster Gelegenheit nach rechts ab und wandern nun durch einen schönen Eichen-Wald bis zu einer Lichtung. Hier erreichen wir die sogenannte »Obsidian-Straße«, auf der wir zurückkehren werden. Wir gehen links und auf dem breiten Weg nach rechts. In einer weiteren Lichtung (620 m) mündet der Weg in eine Feuerschneise. Bevor wir die Feuerschneise betreten, biegen wir scharf nach links auf einen Pfad ab. Nun laufen wir unterhalb der charakteristischen Basaltwände. Unser Weg mündet nach kurzem Anstieg in eine Feuerschneise (Hochspannungsleitung). Wir halten uns äußerst rechts und gehen nun oberhalb der Basaltsäulen wieder nach Norden – ein herrlicher Ausblick über die »Altamarmilla«, die Giara di Gesturi und das Gennargentu-Massiv in der Ferne tut sich nun auf. In 700 m Höhe stoßen wir abermals auf eine Feuerschneise, gehen links und geradeaus bis zu einer auffällig großen Kreuzung, hier rechts. Bei der nächsten Kreuzung erreichen wir die Forststraße, die rechts zur Fustiolau-Quelle (unser Rückweg) führt. Wir gehen links bis zu einer Einmündung. Rechts sind sanitäre Einrichtungen (beschildert »Bagni«) und ein großer Platz. Wir gehen geradeaus weiter, über eine Absperrung (Kette) und folgen der Beschilderung zur Quelle **Aquafrida**, die wir über einen gepflasterten Weg und Stufen in nordwestlicher Richtung erreichen. Ein herrlich schattiger Steineichenwald lädt an der Quelle zur Rast ein. Dahinter steigen wir über weitere Stufen hinauf und erreichen einige Felsen zur Rechten, die eine schöne Aussicht über weite Teile der Westküste mit dem Golfo di Oristano bieten. Anschließend kehren wir wieder zur Quelle und den Sanitäranlagen zurück. Von dort lohnt sich noch ein Abstecher auf der kieseligen Fahrstraße nach links zum **Genna Spina** (732 m), er öffnet den Blick nach Norden bis zu den Bergen der Marghine bei Macomer.
Von den Sanitäranlagen gehen wir nun wieder auf dem bekannten Hinweg zurück, wandern aber geradeaus zur **Quelle Fustiolau** (648 m). Sofort nach der Quelle halten wir uns rechts entlang des Zaunes. An seinem Ende gehen wir unter der Hochspannungsleitung geradeaus (unser Hinweg) und im Wald nach links, über die »Strada Ossidiana« geradeaus bis zur Straße und rechts zum Ausgangspunkt.

Die fruchtbaren Hänge des Vulkanmassivs des Monte Arci sind allesamt landwirtschaftlich genutzt.

17 Die Giara

Faszinierende »Insel auf der Insel«

Vigilanza sa Giara – Monte Zeparedda – Paùli Maiori – Santa Luisa

Talort: Tuili, 209 m. Hübsches Dorf in der Marmilla, 4 km westlich von Barúmini, am Südfuß der Giara. Täglich Busverbindung.
Ausgangspunkt: Parkplatz am Rande der Giara-Hochfläche, 576 m. Am Dorfplatz von Tuili, zwischen Kirche (links) und einem Kriegerdenkmal (rechts), fährt man geradeaus weiter und biegt an der zweiten Straße rechts ab nach Giara (gelbes Schild). Nach 5,5 km Asphaltstraße (bei der Abzweigung rechts halten!), erreichen wir den Parkplatz mit Informations-Häuschen »Vigilanza sa Giara«.
Gehzeiten: Info-Häuschen – Monte Zeparedda 1½ Std.; Monte Zeparedda – Paùli Maiori ½ Std.; Paùli Maiori – Santa Luisa – Parkplatz 1½ Std.; Gesamtzeit 3½ Std.
Höhenunterschied: 33 m.
Anforderungen: Leichte, beschauliche Wanderung, allerdings auf nicht markierten Wegen (gutes Orientierungsvermögen erforderlich).
Einkehr und Unterkunft: In Tuili Bar und Pizzeria; in Barúmini Hotels; in Pau (bei Ales), 25 km nordwestlich von Tuili, eine wunderschöne kleine Ferienanlage mit Holzbungalows »Campeggio Sennixeddu«, Tel. 0783-939281.
Tip: Geführte botanische und ornithologische Wanderungen in diesem Bereich veranstaltet die Cooperativa Sinis, Tel. 0783-52283.

Der Tafelberg der Giara di Gesturi liegt in der Marmilla. Einige umliegende Gemeinden teilen sich diese Hochfläche – Gesturi mit dem größten Anteil wurde namensgebend, Tuili aber kann sich des noch ursprünglicheren Teils der Giara rühmen. Ein riesiges Areal an Korkeichenwäldern, zahlreiche Seen, die als Paùli (Sumpf) bezeichnet werden, und die kleinwüchsigen Wildpferde sind die Höhepunkte dieser Wanderung. Durch die Wasserundurchlässigkeit dieser Basalthochfläche vergrößern sich die Seen im Winter, während im Sommer die meisten verdunsten und austrocknen. Im Frühjahr aber, wenn die kleinen weißen Ranunkeln die Seeflächen buchstäblich bedecken, verwandelt sich die Landschaft in ein Paradies.

In der Giara vergeht die Zeit wie im Flug, wenn man Liebe für Details hat.

Rechts vom Informations-Häuschen geht es auf einem breiten Weg in nördlicher Richtung vor und gleich nach rechts. Wenig später führt rechts eine Traktorenspur zu einem Gehöft – wir bleiben links auf einem breiten Weg und lassen alle schmalen Abzweigungen unberücksichtigt. ½ Std. nach dem Parkplatz sehen wir die Grenzmauer der Gemeinden Gesturi und Tuili vor uns, in der Ferne eine Hochspannungsleitung. Hier teilt sich der Weg abermals. Unser Weiterweg führt nach links, wir machen aber zuvor einen Abstecher zum kleinen **Paùli Gruxi** nach rechts: Hier verweilt meistens eine kleine Pferdekolonie. Zurück an der Abzweigung, wandern wir auf dem Hauptweg weiter nach Norden. Kurz begleitet uns zur Linken eine Trockenmauer, dahinter befindet sich der **Paùli Murdegu**. Im weiteren Wegverlauf lassen wir Pfadspuren nach links unbeachtet und erreichen einen dichten Korkeichenwald. Davor schwenkt der Weg nach links (Westen) und gabelt sich. Wir halten uns links und kommen an verfallenen Bauten vorbei. Danach teilt sich der Weg wieder. Wir folgen nun rechts einem schmalen Pfad, der zwischen dichtem Bewuchs auf eine Trockenmauer und auf die dahinterlie-

Ornithologische Exkursion in die Giara – eine lohnende Unternehmung.

gende niedrige Steinhütte mit Pferch zuführt. Diese lassen wir rechts liegen und gehen auf einem breiten Weg daran vorbei (rechts kann man in wenigen Minuten zum **Monte Zeparedda**, 609 m, aufsteigen). Der breite Weg mündet in eine Piste, der wir kurz nach rechts folgen, um diese wieder nach rechts auf einem Pfad zu verlassen (nicht zu dem Gehöft hinunterlaufen!). Zwischen niedriger Vegetation hält sich dieser in östlicher Richtung. Zwei Stichwege lassen wir rechts liegen, dann erreichen wir an einer Trockenmauer wieder die Gemeindegrenze. Links führt eine breite Fahrpiste zurück zum Parkplatz. Wir gehen Richtung Mauerdurchbruch (Gatterl) und zweigen kurz davor scharf links auf einen Pfad ab, dem wir nach Westen folgen. An der zweiten Abzweigung, ¼ Std. nach der Grenzmauer, biegen wir rechts nach Norden ab. Der anfangs noch breite Weg wird bald schmaler und schlängelt sich durch dichtes Zistrosen-Gebüsch. An der Quelle »**Mitza Salamessi**« am Rande des **Paùli Maiori** (großer Sumpf), der auch im Sommer Wasser führt, gelangen wir auf eine große Lichtung – zahlreiche Wildpferde tummeln sich hier. Von der überdachten Quelle führt ein von unzähligen Blumen gesäumter Kanal zum See, an dessen linkem Ufer wir weiter nach Westen wandern. Ein breiter Weg entfernt sich schon bald vom Seeufer und führt zu einem Steinpferch. Hier halten wir uns links, entlang einer Trockenmauer und vorbei an einem weiteren Pferch. Später sehen wir rechts ein Gehöft – wir gehen zwischen zwei Mäuerchen geradeaus weiter und an deren Ende scharf rechts durch einen Mauereinschnitt: erst Richtung Gehöft, dann nach links auf einer breiten Piste, mit Ausblick auf die Marmilla, zum Ausgangspunkt. Kurz vor dem Parkplatz lohnt sich ein Abstecher nach rechts – zwischen Bäumen hindurch – zur Kapelle Santa Luisa. Von dort blicken wir über den Rand der Hochfläche auf Tuili und den Kegelberg Las Plassas, mit einem Kastell oben. Davor erkennen wir die berühmten Ausgrabungen von Su Nuraxi.

Nahe dem Paùli Maiori trifft man häufig die kleinwüchsigen Wildpferde.

18 Capo San Marco

Strandwanderung zwischen Natur und Kultur

San Giovanni di Sinis – WWF-Oase – San Giovanni – Tharros – Capo San Marco

Talort: Cábras und Oristano im Osten der Halbinsel Sinis.
Ausgangspunkt: San Giovanni di Sinis. Von Oristano oder Cábras in Richtung Torre Grande und auf der SP 6 Richtung San Giovanni und Tharros. Nahe der Kirche Parkplätze. Tägl. Busverbindung.
Gehzeiten: San Giovanni – WWF-Naturschutzzone ¾ Std.; Rundwanderung in der Oase 1 Std.; Naturpark – Tharros 1¼ Std.; Tharros – Capo S. Marco ½ Std.; zurück zum Parkplatz ¾ Std.; Gesamtzeit 4¼ Std.
Anforderungen: Leichter Spazierweg an Stränden und Klippen in zwei Etappen.
Einkehr und Unterkunft: Zur Saison in San Giovanni di Sinis Bar und Restaurants. In Cábras und Oristano Hotels. In Nurachi Agriturismo: Nach Norden über Riola Sardo auf der SS 292 nach Cuglieri, links Campeggio Nurapolis; hervorragend organisiert für Wandertourismus. Tel. 0783-52283.

Der südlichste Teil der Sinis-Halbinsel ragt als schmale Landzunge ins Meer und umschließt einen Teil des Golfo di Oristano. Am »Mare morto« liegen die punisch-phönizischen Ausgrabungen von Tharros. Lohnende Stationen unserer Wanderung, die sich auch gut als Radtour eignet, sind die frühchristliche Kirche San Giovanni in Sinis aus dem 5. Jh. am Rande des gleichnamigen Ortes und das Naturschutzgebiet des WWF nördlich des ausgedehnten Strandes.
Von der Kirche **San Giovanni** wandern wir zwischen den Häuserzeilen zum Meer und oberhalb des Strandes nach Nordwesten. Bei den letzten Häusern geht es nun entlang der Klippen bis zu einer niedrigen Trockenmauer (Schild »**Oasi WWF di Seu**«). Wir betreten den Naturpark und finden nun entlang der gesamten Wanderstrecke Tafeln mit Erklärungen zu Flora und Fauna, sowie zu den geologischen und klimatischen Verhältnissen dieser Schutzzone (verlassen Sie bitte nicht die Wege!). Die sonst so seltene, geschützte

Ein interessanter Naturlehrpfad führt an den Sinisklippen entlang.

Zwergpalme findet auf der Halbinsel Sinis die idealen Lebensbedingungen. Abzweigungen lassen wir unberücksichtigt – wir gehen immer geradeaus bis zur Einmündung in einen breiten Weg. Diesem folgen wir nach links durch ein Pinienwäldchen und halten uns an der nächsten Wegteilung rechts. Nun nähern wir uns dem Strand und stoßen auf einen weiteren Weg (links der Rückweg!). Nach rechts (Norden), vorbei an einer weiteren Rechtsabzweigung, gelangen wir geradeaus zum Meer mit den herrlichen Badestränden. Zurück und vorbei an unserem Herweg, kommen wir geradeaus zum **Torre del Sevo o Mosca**, wo sich auch das Informations-Zentrum des WWF-Parks befindet. Von dort haben wir einen schönen Blick auf den »Halbmond-Strand« und zu den Klippen des Capo San Marco. Wir gehen wenige Schritte Richtung Meer und biegen an der Trockenmauer links ab. Der schmale Klippenweg bringt uns wieder an den Eingang des Parks zurück – von dort auf dem Hinweg nach San Giovanni. Hier bleiben wir unten am Strand und wandern weiter bis zu den Felsen, die vom Torre di San Giovanni herabkommen. Dort steigen wir links hinauf zu den Ausgrabungen von **Tharros**. Am Sarazenen-Turm vorbei führt eine schnurgerade Fahrpiste in Richtung **Capo San Marco**. Links fällt ein weiterer Sarazenen-Turm (Torre Vecchia) auf – hier befand sich die Nekropole der phönizischen Stadt. Weiter vorne rechts, in den Felsen, war vermutlich der Steinbruch der antiken Stadt. Der Weg führt in südlicher Richtung weiter zum abgeriegelten Militärgebiet am Leuchtturm. Von der Anhöhe genießen wir einen herrlichen Ausblick auf den weitläufigen Golf und unsere Wanderroute.

19 Die Sinisklippen

Ausgedehnte Wanderung zwischen feinen Sandbuchten, steilen Felsklippen und bunten Kiesstränden

Putzu Idu – Ponte s'Archittu – su Tingiosu – Porto s'Uedda – Mari Ermi

Ausgangspunkt: Putzu Idu. Auf der SS 292 zwischen Oristano und Cuglieri, nahe bei Riola Sardo nach Westen abzweigen und auf der SP 10 nach Putzu Idu fahren. Am Beginn der Ortschaft zweigt eine Schotterstraße nach links ab (Schild »Ambulatorio Biblioteca«). Auf dieser Straße immer geradeaus bis zum Ende der Ortschaft (1,8 km). Bei den letzten Häusern am südlichen Ende des Strandes parken. Täglich Busverbindung.
Gehzeiten: Putzu Idu – s'Archittu ¾ Std., Klippenbogen – su Tingiosu 1¼ Std., Felsklippen – Porto s'Uedda ¾ Std., Strandrunde Mari Ermi – Bar ¾ Std., zurück 3½ Std.; Gesamtzeit 7 Std.
Anforderungen: Leichte, jedoch lange Wanderung auf deutlichen Wegen, nicht markiert. Geringe Höhenunterschiede.
Einkehr und Unterkunft: Zur Saison in Putzu Idu Bar, Restaurants, Hotel oder Campeggio Nurapolis (siehe Tour 18).
Tip: Wer über ein zweites Fahrzeug verfügt oder sich abholen läßt, kann in Porto s'Uedda/Mari Ermi die Wanderung unterbrechen.

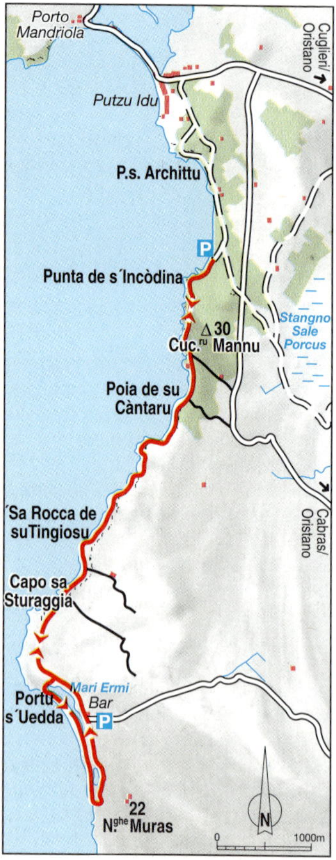

Das Naturparadies der Halbinsel Sinis erstreckt sich zwischen Capo Mannu im Norden und Capo San Marco. Ganze Strände sind durch die rücksichtslose Bautätigkeit zugebaut worden – nur der Küstenabschnitt mit der hier beschriebenen Wanderroute ist davon verschont geblieben.
Wir beginnen die Wanderung am Strand von **Putzu Idu** und gehen am Meer entlang nach Süden. Die schmalen Pfade halten sich direkt an den Klippen – in leichtem Auf und Ab geht es zwischen niedrigem Bewuchs dahin

(wir können auch auf den breiten Parallelweg links ausweichen). Nach ¾ Std. erreichen wir **s'Archittu** (die Einheimischen sagen dazu »s'Architeddu« = kleiner Bogen) – die Kraft der Wellen hat hier in den Klippen ein Loch entstehen lassen. Der Weg führt über diese **Klippenbrücke** hinweg. Der Weiterweg bis **Sa Rocca de su Tingiosu** ist wunderschön: Felsen, Strandflora und Farbenspiele erfreuen unser Auge, im Frühjahr breitet die Natur die farbenprächtigen »sardischen Teppiche« aus. Zahlreiche Vogelarten sind zu beobachten. Bei **Porto s'Uedda** treffen wir auf einige Fischerhäuser, wenn wir direkt am Strand bleiben – sie sind teilweise noch aus Schilf gebaut. Die Strandseen von **Mari Ermi** mit ihren blendend weißen Kieseln sind ein Naturerlebnis für sich. »Chicchi di quarzo«, Quarzkörner, werden die feinen Perlen genannt. Am Ende des zweiten Strandsees kehren wir nun rechts des Sees zurück nach Norden und nach Putzu Idu.

S'Archittu – über die natürliche Bogenbrücke führt unser Wanderweg.

20 Rundwanderung am Capo Mannu

Von Turm zu Turm am »Großen Kap«

Porto Mandriola – Torre sa Mora – Leuchtturm – Torre di Capo Mannu – Mandriola

Ausgangspunkt: Porto Mandriola. Anfahrt siehe Tour 19. Bei Putzu Idu fahren wir zwischen Meer und Strandsee »Sa Salina Manna« bis Porto Mandriola. Am großen Parkplatz links am Ortsbeginn parken.
Gehzeiten: Mandriola – Torre sa Mora 1 Std.; Torre sa Mora – Torre di Capo Mannu 1 Std.; Torre di Capo Mannu – Mandriola 1 Std.; Gesamtzeit 3 Std.
Anforderungen: Leichte, genußreiche Wanderung auf deutlichen (nicht markierten) Wegen. Geringe Höhenunterschiede.
Einkehr und Unterkunft: siehe Tour 19.

Im Frühjahr und Herbst, wenn die Flamingos auf ihrem Weg zwischen Afrika und Südfrankreich zur Erholung in Sardinien zwischenlanden, schimmern die Strandseen der Insel rosa und rot. Es gibt Jahre, in denen man in den »stagni« von Oristano und Sinis Tausende von Flamingos zählen kann. Bei der Anfahrt zu dieser Wanderung entlang der SP 10 (links im Stagno Sale Prócus und im Strandsee Sa Salina Manna) können wir fast zu jeder Jahreszeit Flamingos, aber auch andere Vogelarten beobachten.
Vom Parkplatz, gleich links am Strand, gehen wir nach Westen und bleiben dabei auf den Wegen nahe der Klippen. Zwischen niedrigem Macchiabewuchs geht es zur äußersten Ecke der Klippen, bevor wir uns nach Norden

Vom Torre di Capo Mannu sieht man zum Vulkanmassiv des Montiferru.

wenden. Leicht aufsteigend erreichen wir den **Torre sa Mora**. Eine Vielzahl von alten »Kommunikationstürmen« säumt vor allem die Westküste Sardiniens. Allein im Bereich der Halbinsel Sinis gibt es acht dieser Türme. Der Blick reicht bis zur äußersten Halbinselspitze. Am **Leuchtturm** und oberhalb des **Capo Mannu** geht es nun weiter nach Norden. Das Farbenspiel der Felsen und des Wassers steigert sich, wenn wir am **Torre Capo Mannu** angekommen sind. Von hier hat man einen großartigen Tiefblick zum Meer, im Norden erhebt sich der gewaltige, über 1000 m hohe Montiferru. Auf kleinen Pfaden wandern wir wieder dicht an den Klippen hinab in die Senke. Hier geht es links zu einer Badebucht und rechts (nach Osten) zur Asphaltstraße. Auf dem Asphalt nach rechts, an der **Salina Manna** vorbei, kommen wir wieder zum Parkplatz.

21 Montiferru, 1050 m

Eine Überschreitung des »Eisenberges«

Parkplatz – Punta Tilamare – Lichtung, 606 m – Monte Entu, 1024 m

Talorte: Cúglieri im Norden und Santu Lussùrgiu im Osten des Massivs.
Ausgangspunkt: Ende der Asphaltstraße im Tumbarino-Tal, 450 m. Zwischen Santa Caterina und Cúglieri auf der SS 292 bei km 94.VIII führt eine Asphaltstraße zum Montiferru. Nach 5 km, ca. 400 m bevor die Asphaltstraße an einem Eisentor endet, ist rechts ein Holztor, dahinter eine kleine Hütte am Riu Tumbarino. Längs der Straße parken.
Gehzeiten: Riu Tumbarino – Punta Tilamare 1 Std.; Punta Tilamare – Monte Entu 1½ Std.; Monte Entu – Voliera ½ Std.; Rückweg 1½ Std.; Gesamtzeit 4½ Std.
Höhenunterschied: 750 m im Aufstieg, 890 m im Abstieg.
Anforderungen: Keine technischen Schwierigkeiten, aber Trittsicherheit und gute Orientierung erforderlich. Nicht markiert, teilweise weglos.
Einkehr und Unterkunft: In Cúglieri Bars, Restaurants, Hotels; in Santu Lussùrgiu Bar, Restaurants, Gasthäuser oder Campeggio Nurapolis, siehe Tour 18.

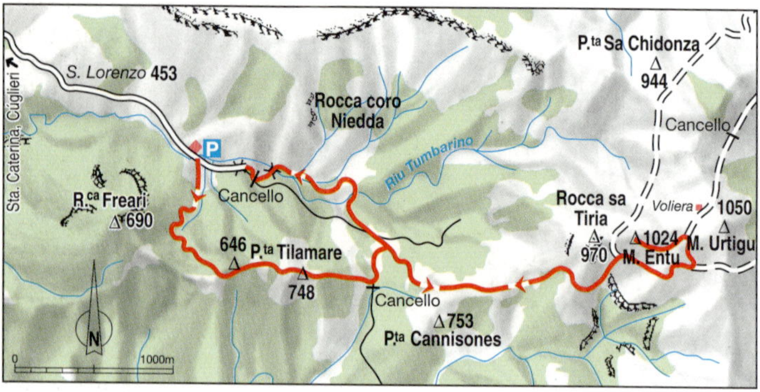

Dieses immense, erloschene Vulkanmassiv wird wegen seiner eisenhaltigen Gesteinsschichten Il Montiferru, der Eisenberg genannt. Auf seiner Westseite fallen die zerklüfteten Täler bis zur Küste ab. Felsheide und Myrte, Kork- und Steineichen, ein Gehege für Lämmergeier und eine Aussicht über nahezu die gesamte Insel sorgen für eine abwechslungsreiche Tour.
Rechts vom Holztor klettern wir über den Pfeiler und überqueren den Bach. Wir halten uns kurz nach links, dann steigen wir den Hang an einem kleinen Rinnsal hinauf (südöstlich), bis wir den breiten Weg im Wald erreichen. Kurz bevor der Weg nach rechts schwenkt (610 m, 25 Min. vom Parkplatz), halten wir uns an einer Abzweigung nach links und erreichen durch dichte Macchia (nach Osten) eine Lichtung. Vor uns sehen wir die Punta Tilamare und die

Das Tumbarino-Tal mit dem Rocca Freari und der Punta Tilamare (Mitte).

Trockenmauer, die sich über deren Grat hinunterzieht. Wir gehen nun am rechten Rand der Lichtung weiter und wandern entlang der Trockenmauer nach Osten. In einem Linksbogen entfernen wir uns von der Mauer und stoßen auf einen an dieser Stelle niedergedrückten Zaun. Gegenüber geht es weiter durch Macchia hinauf. Wieder im Freien halten wir auf den Felsen rechts zu und gehen nun permanent an der Mauer entlang, bis wir die **Punta Tilamare** (748 m) erreichen. Von hier ergibt sich ein schöner Blick zurück auf den Rocca Freari mit seinen steilen Basaltwänden, vor uns sehen wir den weiteren Verlauf des Weges zum Monte Entu. Deutlich sehen wir auch unten die **grüne Lichtung**, zu der wir nun permanent am Grat absteigen. An einer Einmündung (630 m) links auf breitem Weg zur Lichtung, an deren rechtem Rand wir weitergehen. Kurz bevor es abwärts geht, steigen wir rechts über Felsstufen auf – erst durch Macchia, dann im freien Gelände. Wir halten uns rechts und erreichen Pfadspuren, die wieder nach Osten führen. Vorbei an einem schattigen Wald erreichen wir einen Ovile – hier rechts durch die Mauerlücke und links hinauf zu einem Sattel. Vor einem Mäucherchen gehen wir nach links. Unterhalb der Felsen des **Rocca sa Tiria** steigen wir auf bis zu einem Zaun (zu öffnen) an einer Forststraße. Auf dieser rechts und unterhalb des Monte Entu in einigen Kurven hinauf bis zu einer Wegteilung (1000 m). Wir verlassen nun die Forststraße nach links und wandern weglos hinauf zum Gipfel des **Monte Entu**. Die überwältigende Aussicht reicht sogar bis Cagliari!
Nach einer Rast geht es wieder zurück zur Forststraße und links zur Voliera. Hier wird der fast ausgestorbene Lämmergeier gezüchtet und gepflegt. Auf demselben Weg zurück bis zur großen Lichtung, die wir geradeaus bis ans andere Ende überqueren. Dann nach rechts und auf einem breiten Weg hinab. Wir überschreiten den Riu Tumbarino und wandern durch ein Gatter in einem Linksbogen hinab. Mit herrlichem Blick zum Rocca Freari und zur Punta Tilamare, vorbei an einem Gehöft, erreichen wir die Asphaltstraße.

22 Monte Santu Padre, 1025 m

Ein Trachytgebirge, dem Heiligen Vater geweiht

Bortigali – Wasserhäuschen – Monte Santu Padre

Talort: Bortigali, 511 m, hübsches Bergdorf. Bus- und Bahnverbindung täglich.
Ausgangspunkt: Dorfkirche 515 m. Von Macomer auf der SS 129 bis zur Ortschaft, längs der Dorfstraße parken und zur Kirche gehen.
Gehzeiten: Kirche – Wasserhäuschen 1 Std.; Wasserhäuschen – Gipfel 1 Std.; zurück 1 Std.; Gesamtzeit 3 Std.
Höhenunterschied: 510 m.
Anforderungen: Leichte Wanderung auf meist deutlichen Wegen.
Einkehr und Unterkunft: In Bortigali Bars und Pizzeria; in Macomer Hotels.

Sardinien mit seinen überwiegend verstreuten, isolierten Bergmassiven hat auch eine lange Gebirgskette aufzuweisen: Montiferru, Marghine und Gocéano sind drei zusammenhängende Massive, die sich von West nach Ost bis zum Monte Lerno im Südteil der Gallura erstrecken. Der Monte Santu Padre im Marghine-Massiv ist nach der Dorfkirche benannt, und seine Umgebung ist übersät mit zum Teil noch gut erhaltenen Nuraghen.
Von der Dorfkirche gehen wir bis zur Einmündung in die Hauptstraße. Schräg gegenüber hinauf in die Gasse, dann links und sofort wieder rechts. Nun, ohne abzuzweigen, steigen wir die Kurven dieser, im weiteren Verlauf gepflasterten Straße *hinauf.* Sie wird im oberen Teil breiter und steiler. Bei den letzten Häusern schwenkt sie nach links (westlich) und geht über in einen alten Saumweg, der zwischen Trockenmauern oberhalb des Dorfes Richtung

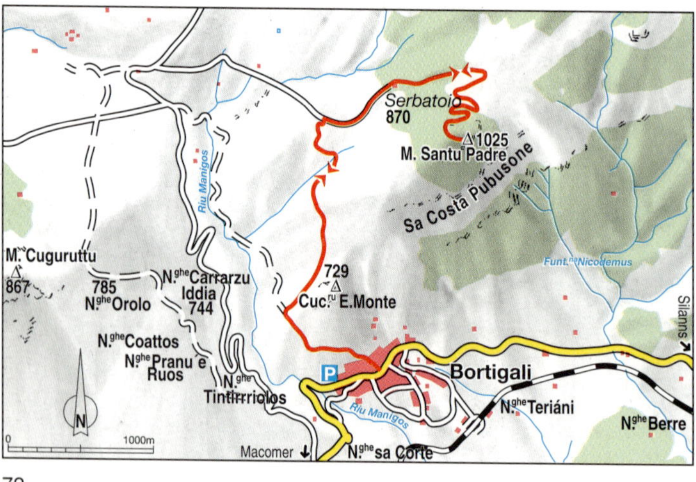

Bortigali am Fuße des Monte Santu Padre.

Riu Manigos führt. Jenseits des Tales sehen wir den **Nuraghen Tintirriolus**. In einem weiten Bogen schwenkt der teilweise felsige Weg nach Norden. Rechts von uns befindet sich der Hügel **Cuccurru 'e Monte**, darüber der **Monte Santu Padre** mit seinen zwei Felsstufen. Links sehen wir die Asphaltstraße nach Mulárgia und zur **Nuraghe Orolo**. In 710 m Höhe mündet von rechts ein Weg ein, der zu einer interessanten kleinen Felsenhütte führt (15 Min.). Wir gehen geradeaus und erreichen in 830 m Höhe eine asphaltierte Straße. Auf dieser rechts, erreichen wir nach 0,5 km einen Wasserspeicher (Serbatoio) und einen Brunnen. Wir gehen zwischen der linken Ecke des Häuschens und einer Trockenmauer weiter und steigen nach Osten hinauf. Der Weg ist auf diesem Abschnitt nicht ganz eindeutig: Der alte Saumweg zwischen zwei Trockenmauern (rechts) ist überwuchert – wir folgen deshalb den Pfadspuren über Wiesen, entlang von Felsrippen, die wir links lassen (nicht zu weit links gehen!), bis zu einer Ebene am Nordfuß des Berges hinauf und stoßen auf die Verlängerung der Trockenmauer. Wenn wir dicht entlang der Mauer ein kurzes Stück zurücklaufen, finden wir eine Lücke und kommen zu einer Fahrspur auf der Hochfläche. Hier gehen wir rechts auf den Berg zu und die zweite Abzweigung links. In einigen Kehren und durch ein Gatter erreichen wir das Gipfelplateau des **Monte Santu Padre**. Das Kreuz ist weiter südlich angebracht, damit man es vom Dorf sehen kann.

23 Rundwanderung bei Bolótana

Alte Wege neu markiert: unterwegs auf dem »Sentiero Italia«

Bolótana – Tolovó-Tal – Aussichtspunkt – Colonia Montana – Bolótana

Talort: Bolótana, 470 m. Bergdorf östlich von Macomér, in sehr schöner Lage. Busverbindung täglich.
Ausgangspunkt: Abzweigung zum Riu sas Chias, 470 m. Man verläßt das Dorf auf der Durchfahrtsstraße SP 17 nach Norden, Richtung »Campedda«. 1 km nach dieser beschilderten Abzweigung führt links eine Asphaltstraße hinab zum Riu sas Chias. Hier parken.
Gehzeiten: Bolótana – Tolovó-Oberlauf 1½ Std.; Tolovó – Aussichtspunkt 1 Std.; Gipfel – Colonia 1½ Std.; Colonia – Bolótana 1 Std.; Gesamtzeit 5 Std.
Höhenunterschied: 720 m.
Anforderungen: Leichte Wanderung auf meist deutlichen Wegen. Durchgehend markiert (gelb-weiß, blau-weiß, rot-weiß).
Einkehr und Unterkunft: In Bolótana Bars, Restaurants Gasthaus; in Colonia Montana, oberhalb des Dorfes, Lager; in Macomér Hotels.

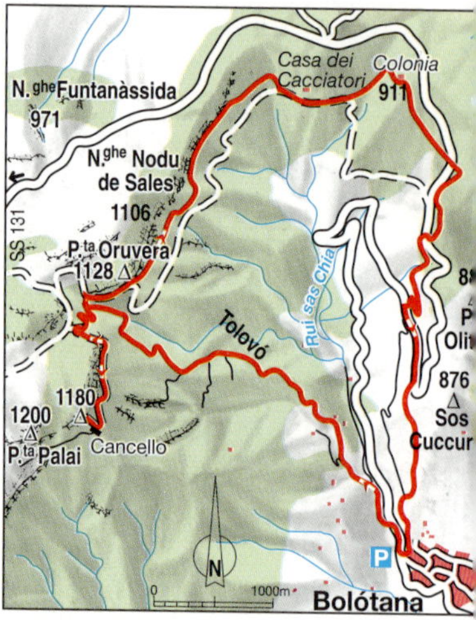

In Sardinien gibt es viele urwüchsige Landschaften, aber selten sind sie so ursprünglich und gepflegt wie in der Umgebung des Dorfes Bolótana. An den Hängen des Marghine-Massivs gelegen und durch gute Straßen mit dem Foresta di Burgos (Gocéano) verbunden, kann man von hier zahlreiche schöne Wanderungen und Ausflüge auf alten Wegen unternehmen – auch der »Sentiero Italia« verläuft durch diese Gegend.
Von der Abzweigung (gelb-weiße Markierung) steigen wir hinab zur Brücke und folgen der Markierung nach links. Kurz danach rechts hinauf, durch herrliche Olivenhaine und Gärten. Der gut markierte Weg führt auf der linken Seite des **Tolovó-Tales** dahin, passiert zahlreiche Absperrungen und riesige Flaumeichen, steigt in Serpentinen in nordwestlicher Richtung hinauf und nähert sich den steilen Felsen. Auffällig ist die **Punta Oruvera** (1128 m). Links davon ein Einschnitt – das Quellgebiet des Riu Tolovó. In 1000 m Höhe erreichen wir schließlich den Bach und wenig später den rot-weiß markierten »Sentiero Italia«. Rechts geht es zur Colonia Montana (unser Rückweg!). Wir aber machen einen Abstecher nach links zu einem Aussichtspunkt: Wieder queren wir den Bach und folgen den Markierungen bis zu einer breiten Fahrpiste (blau-weiß markiert, diese Stelle müssen wir uns für den Rückweg

gut merken), die wir nach links weiterverfolgen, bis zu einem Eisentor. Vor dem Tor nach rechts, über einige Felsstufen hinauf, erreichen wir das aussichtsreiche Hochplateau und gehen sofort links zu einer Felskanzel. Der Blick reicht vom Montiferru bis zum Supramonte, im Norden thront der Monte Rasu über dem angrenzenden Berggebiet von Gocéano.
Auf demselben Weg zurück bis zu der Wegteilung und den rot-weißen Markierungen nach rechts in den Wald folgend, erreichen wir nach dem Bach einen Fahrweg, den wir queren. Jetzt laufen wir auf einer für uns neuen Route nach Nordosten. Später mündet unser Weg wieder in die Piste und, vorbei an der **Casa dei Cacciatori** (Jägerhaus, 870 m), gehen wir links durch ein Gatter zu einer Lichtung und queren diese halblinks. Leicht aufsteigend kommen wir an eine doppelte Trockenmauer und gehen durch eine Lücke nach rechts. Zwischen immensen Eichen erreichen wir die **Colonia Montana**. Hier teilen sich die Wege. Wir folgen der gelb-weiß markierten Route nach Osten, überschreiten einige Male die SP 17 und kehren mit schönem Blick auf die Gärten zum Dorf zurück.

Gepflegte Kulturlandschaft rund um Bolótana.

24 Rocca Pischinale, 291 m

Rundwanderung bei Bosa: malerisches Dorf, malerische Landschaft

Temo-Brücke – Santa Olma – Giamedda – Rocca Pischinale – Bosa

Talort: Bosa, im äußersten Westen der Provinz Nuoro, an der Küste gelegen. Von Macomer über die SS 129 erreichbar.
Ausgangspunkt: Alte Temo-Brücke, 7 m.
Gehzeiten: Brücke – Santa Olma ½ Std.; Santa Olma – Rocca Pischinale 1 Std.; Rückweg 1 Std.; Gesamtzeit 2½ Std.
Höhenunterschied: 290 m.
Anforderungen: Leichte Wanderung auf deutlichen Wegen. Im Gipfelbereich finden wir nur Pfadspuren (nicht markiert).
Einkehr und Unterkunft: In Bosa.

Der Fiume Temo ist der einzige schiffbare Fluß der Insel. An seinem Ufer liegt das traditionsreiche Städtchen Bosa, das mit seinem gut erhaltenen alten Ortskern als einer der schönsten Orte Sardiniens gilt.
Am nördlichen Flußufer gehen wir flußaufwärts vorbei an der Brücke. Wir überqueren eine Asphaltstraße und wandern auf einer Schotterstraße geradeaus bis zur Kapelle **Santa Giusta**. An zwei Linksabzweigungen gehen wir geradeaus und bei der dritten Weggabelung halbrechts, dann auf dem Feldweg weiter. Von rechts unten mündet in unseren Weg ein breiter Fahrweg ein. Wir queren diesen und gehen rechts flach auf einem alten Saumweg weiter. Entlang einer Trockenmauer, zwischen Oliven- und Weingärten, wandern wir bis zur Kapelle **Santa Olma** und rechts weiter zur kleinen Kapelle **San Martino** an der Asphaltstraße, in die unser Weg einmündet. Wir folgen der Straße ca. 700 m weiter nach links bis zu einer Abzweigung, hier links hinauf. Nach wenigen Metern endet der Asphalt und wenig später auch

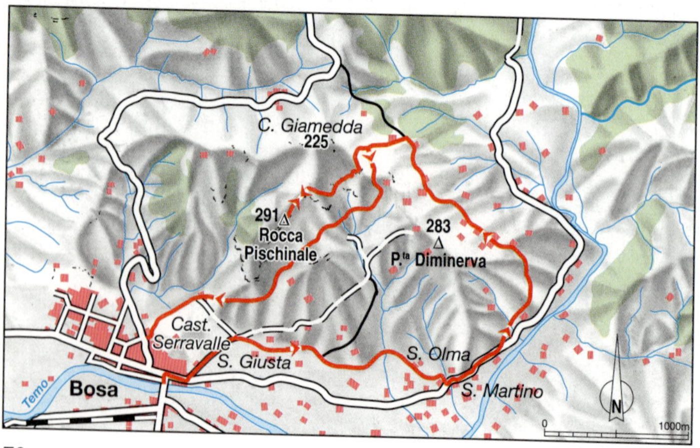

Das Temo-Städtchen Bosa mit dem Rocca Pischinale (links) und der Burg Serravalle.

die Schotterstraße. Nun geht es auf einem Pfad hinauf, parallel zum überwucherten alten Saumweg weiter nach Nordwesten. Links von uns sehen wir die Felsen der **Punta Diminerva**, rechts auf einem Hügel eine kleine Hütte. Die Pfadspuren führen an der Hütte vorbei und links durch einen Mauerdurchbruch zu einer Wiese. Rechts am Rand der Wiese entlang, überschreiten wir nach der großen Eiche ein Mäuerchen nach rechts und steigen sofort links hoch zu der oberen Weidefläche, direkt auf die »Macchia-Barriere« zu, die nur wenige Schritte weiter links eine Lücke aufweist. Hier hinauf, gelangen wir auf einen schönen, alten Weg (unser Rückweg), dem wir nach rechts zur **Quelle Giamedda** folgen. Wir steigen hinter dem Gatter beim gleichnamigen Gehöft links über einige Stufen hinauf und wandern parallel oberhalb des Saumweges, dann rechtshaltend auf das Hochplateau. Im Westen sehen wir die Rocca Pischinale mit ihrer steilen Südwand. Rechts verläuft eine Grenzmauer, an der wir weitergehen und durch einen Zaun nach rechts schlüpfen. Auf Spuren, über eine Senke, steigen wir zum höchsten Punkt der **Rocca Pischinale**. Vorsicht, Abgrund! Das Temo-Tal mit der breiten Mündung und der umliegenden Landschaft ist einmalig schön.
Zunächst wandern wir auf demselben Weg zurück zur Quelle. Hier, auf dem breiten Saumweg, kommen wir vorbei an einem Eisentor (links eine Abzweigung). Wir halten uns rechts, entlang eines Weidezaunes und teilweise auf einem alten Saumweg hinab bis zu einem Fahrweg. Unterhalb der beeindrukkenden Felswände des Gipfels und der **Burg Serravalle** vorbei, gehen wir geradeaus bis zur Asphaltstraße. Auf dieser links, an der Chiesa Carmine und am Rathaus vorbei, zurück zur Brücke.

Der Osten

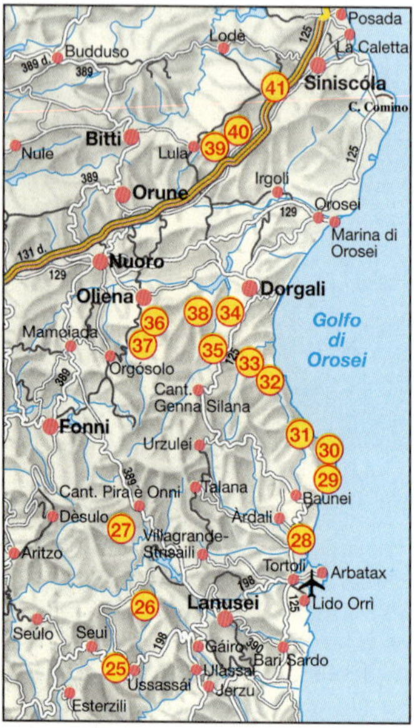

Wer aus der Luft oder vom Meer aus die Insel betrachtet, gewinnt den Eindruck, sie bestünde aus einer einzigen großen Hochfläche. So erklärt sich auch das Vorurteil, Sardinien hätte keine »richtigen« Berge. In Wirklichkeit könnte die Ostecke der Insel einen ganzen Wanderführer für sich allein beanspruchen, und selbst dann wären noch nicht alle Möglichkeiten erschöpft, diese gebirgigste Region Sardiniens auf Schusters Rappen kennenzulernen. Vom Sarcidano im Westen sind die sanften Formen des Hochgebirges der erste und auch nachhaltigste Eindruck, den man bekommt. Die Barbagia ist in einen nördlichen, einen zentralen und einen südlichen Sektor unterteilt. In der Barbagia Centrale, auch **Barbagia Belvi** genannt, erheben sich die höchsten Berge der Insel, **die Monti Gennargentu**. Eine Reihe nicht klar abgegrenzter Gipfel liegen hier knapp unter der Zweitausender-Grenze – ihr höchster, die **Punta La Marmora**, ist 1834 m hoch. Vom Schnee dieser Subregionen gespeist, finden sich überall an den Hängen des Massivs Quellen mit klarem frischem Wasser. Unter den zahlreichen Flüssen, die hier entspringen, ist der **Flumendosa** der bedeutendste. Auf seinem eigenwilligen Flußlauf speist er zunächst im Osten des Massivs den oberen Flumendosasee, den **Lago Alto di Flumendosa**. Er trennt die sanften Südhänge des Gennargentu von den steilen Wänden des Montarbu, umkreist die **Barbagia Seúlo**, erreicht die zweite und die dritte Ebene im **Lago di Flumendosa** und im **Lago di Mulárgia** und schwenkt nach Osten zum Meer. Die **Barbagia Ollolai**, im Norden, senkt sich in Richtung Ogliastra im Osten und Supramonte im Norden ab. Von den geschätzten 8000 Nuragherbauten der Insel befinden sich etwa 250 in der Barbagia und zeugen von einer Besiedelung zwischen dem 8. und 2. Jh. v. Chr. Barbaren wurden sie von den Römern genannt, und Barbaricini nennt man heute noch die Bewohner der Barbagia. Rund um das Massiv reihen sich traditionsreiche Dörfer. Im Westen, in der Barbagia Belvi z.B. Sórgono, Tonara, Arítzo und Désulo. Bekannt sind sie vor

Zauberhafte Bucht an der Ostküste (Caletta Fuili).

allem wegen ihrer Kastanien-Wälder. Im Herbst, wenn sich die Bäume zu färben beginnen, wird hier »Castagneddu« gefeiert. Nicht nur zu solchen Feierlichkeiten, auch im Alltag tragen (vor allem in Désulo) ältere Frauen ihre Trachten. Zur Barbagia Ollolai gehören die »berühmt-berüchtigten« Orte Fonni, Mamoiada und Orgosolo. Verdient hätten sie ihren Bekanntheitsgrad wegen ihrer schönen Umgebung, ihrer Traditionen und vor allem wegen der uneingeschränkten Hilfsbereitschaft ihrer freundlichen und liebenswürdigen Bewohner. Tatsächlich aber kennt man sie vor allem wegen der Privatfehden einzelner Familien. Im Süden des Gebietes schließlich finden sich die schöngelegenen Orte Seúlo, Sàdali und Seui. Doch auch sie kämpfen ums Überleben: Die Auswanderungswelle hinterläßt Dörfer ohne Nachwuchs.

Faszinierendes Bergland – der Supramonte.

Ogliastra! Allein schon vom Namen geht ein unbeschreiblicher Zauber aus. Von Oleaster, der wilden Olive, die es hier in Hülle und Fülle gibt, leitet sich der Namen ab. Er drückt in einem Wort die ganze wilde Schönheit aus, die diese Gegend ausstrahlt. Im Südosten des Gennargentu liegen an steilen Berghängen Jerzù und Ulássai. Die senkrechten Kalkwände, die sich über den Orten erheben, die »**tacchi**« und »**tónneri**«, sind geologische Formationen, wie sie speziell in der Ogliastra vorkommen. Die Umgebung wird intensiv landwirtschaftlich genutzt – an den sonnigen Hängen wächst in erster Linie Wein, der begehrte Cannonau von Sardinien. Leicht haben es die Bauern auch hier nicht: In den sechziger Jahren, als der **Riu Pardu** Hochwasser führte, kamen die Hänge ins Rutschen, und mit ihnen die Orte Osini und Gairo. Heute wirken die Ruinen wie Denkmäler zur Erinnerung an diese Naturkatastrophe. Lanusei, Arzara und Villagrande schauen in Richtung Golfo di Ogliastra, in den riesigen, fruchtbaren Kessel des **Riu sa Teula** hinab. An der Küste liegt die Hafenstadt Arbatax – nagelneu ist der

Flughafen, der im Sommer '94 den Flugbetrieb aufnahm. Tortoli, Girasole und Lotzorei reihen sich dicht nebeneinander am Golf, sie sind zersiedelt und wahllos verbaut, wie so viele Orte auf der Insel. Hübsch dagegen ist die Bucht von Santa Maria Navarrese mit der vorgelagerten Isola Ogliastra. Ein uralter Olivenhain und eine kleine Kirche in spanischem Stil bilden die Piazza. Oberhalb des Dorfes erhebt sich der Monte Oro mit seinen Trabanten. Steile Kalkfelsen in der Höhe und Granitporphyr unten im Tal prägen dort das Landschaftsbild.

In Baunei beginnt der **Supramonte** und bei Urzulei der schönste Abschnitt der SS 125 »Orientale Sarda«. Die Panoramastraße führt oberhalb der Codula di Luna vorbei, durch Tunnels und über ein inzwischen hervorragend ausgebautes Teilstück bis Dorgali. Die phantastischen Ausblicke finden ihren Höhepunkt bei der Gola di Gorropu, einer Schlucht im Valle Flumineddu. Kurz vor Dorgali führt ein Straßentunnel hinab nach Cala Gonone. Von dort werden Ausflüge entlang des Golfo di Orosei angeboten – u.a. lohnt ein Besuch der Grotta Bue Marino, auch die Cala Luna erreicht man auf einer einfachen dreistündigen Wanderung. Dorgali, ein Verkehrsknotenpunkt am Ausgang des **Flumineddu-Tales**, ist gut auf den Fremdenverkehr eingerichtet. Von hier erreicht man Oliena. Kurz vor dem Dorf ist die Quelle **Su Gologone** – ihr kristallklares Wasser fließt unter der Karstdecke durch das **Valle Lanaittu**, bis es aus einem Felsspalt wieder heraustritt. Die Strecke bis Oliena ist atemberaubend schön. Der Kontrast zwischen den Steilwänden des Supramonte di Oliena mit der flammenförmigen Punta Cusidore und ihrer grünen Umgebung – Weideland, Olivenhaine und Weingärten – ist absolut einzigartig. In Sardinien werden tausend Feste gefeiert, eines schöner als das andere. Doch unvergleichlich ist die Atmosphäre bei der alljährlichen Osterprozession in Oliena.

Nuoro, die Hauptstadt der gleichnamigen Provinz, ist von weiten Teilen des Supramonte sichtbar. Geburtsort der wohl berühmtesten Tochter Sardiniens, der Literatur-Nobelpreisträgerin Grazia Deledda, ist Nuoro eine echte Heimstatt für Kunst und Kultur. Unter den zahlreichen Museen ist das Trachtenmuseum wohl das aufschlußreichste. Dort lernt man viel über die Traditionen des bunten Völkergemisches auf Sardinien. Der tiefe Graben des **Fiume Cedrino** trennt den Supramonte von einem einst zu ihm gehörenden Massiv: den Baronie. Das Vogelparadies am Golfo di Orosei und Monte Tuttavista gehören ebenso zu dieser Landschaft wie die Alta Baronie mit der langgestreckten Kette des Monte Albo. Es sind zwei Welten: Hier die lärmende Superstrada zwischen Nuoro und Siniscola, dort eine fast menschenleere Einöde. Die Kontraste der Insel bündeln sich hier zu Extremen: die Ebene, die Küste mit den Badeorten, Posada mit seinem mittelalterlichen Turm und das lebhafte Siniscola im Osten, im Westen Lula mit seinem ausgedehnten, einsamen Hügelland. Aus dem Schiefer erhebt sich urplötzlich der Kalk und zieht sich, gleichbleibend steil, 25 km in die Länge. Eine Welt für sich.

25 Monte Tisiddu, 957 m

Das Herz der Ogliastra, die »tacchi« und die »tónneri«

Ulássai – Bruncu Matzeu

Talort: Ulássai, nördlich von Jerzù.
Ausgangspunkt: Brunnen am oberen Dorfplatz, 715 m. Von der SS 125, Orientale Sarda, über Jerzù nach Ulássai. Am Dorfbeginn der Beschilderung »Grotta su Mármuri« folgen bis zum großen Platz. Links, unterhalb der Felswände, ist ein Brunnen. Hier parken.
Gehzeiten: Ulássai – Bruncu Matzeu 1 Std.; Rückweg 1 Std.; Gesamtzeit 2 Std.
Höhenunterschied: 242 m.
Anforderungen: Abgesehen von einer kurzen Kletterstelle (Schwierigkeitsgrad I) gleich zu Beginn, ist die Wanderung leicht. Die zweite Hälfte des Weges ist markiert (Steinmänner).
Einkehr und Unterkunft: In Ulássai Bar, Restaurant und Hotel.
Variante: Am Brunnen links, vorbei an einem Gebäude, erreichen wir auf der Asphaltstraße eine gefaßte Quelle. Ab hier laufen wir auf einem Karrenweg nach Süden, das grüne Tal des Riu di Ulássai auf der einen, die steilen, kahlen Felswände der »tacchi« auf der anderen Seite. Im Süden des Massivs angekommen, führt ein Fahrweg hinab zur Straße nach Ulássai. Auf demselben Weg zurück nach Ulássai (insgesamt gemütliche 1½ Std.).

Tip: Rechts des Dorfplatzes führt die Straße weiter zur »Grotta su Mármuri«. Junge Leute aus Ulássai haben die sehenswerte, geräumige Höhle erschlossen: Cooperativa Grotta su Mármuri, Tel. 0782-79707 (Voranmeldung).

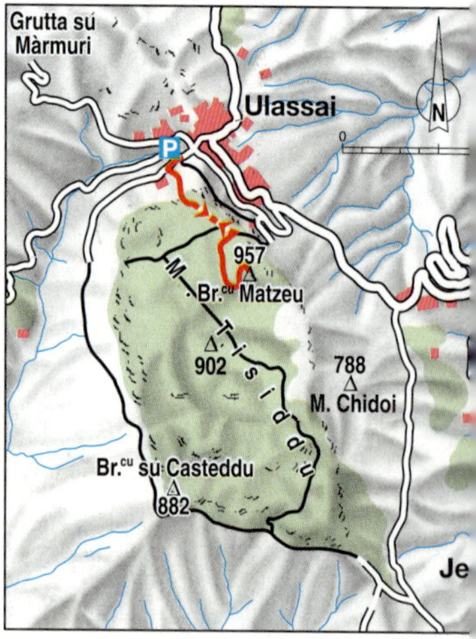

Die wilde Schönheit der Ogliastra setzt sich von der Küste bis zum bergigen Hinterland, der Barbagia, fort. »Tacchi« und »tónneri« werden die unruhig zerklüfteten Felsformationen im Süden und Westen des Gennargentu-Massivs genannt. Es ist eine der schönsten Gegenden Sardiniens, wo die »typisch sardische« Landschaft in ihrer reinsten Form zu sehen ist.
Vom **Dorfbrunnen** sehen wir in der Felswand eine steile **Rinne** mit großen Felsbrocken. Wir nehmen die linke Straße und laufen nach Westen. Wenige Schritte hinter einem Gebäude (links) steigen wir über einen Zaun (Holztreppe) und steigen den Hang zu der eingesehenen Rinne empor. Hier klettern wir über (und unter!) Felsblöcken hinauf. Nach kurzer Zeit verflacht sich das Gelände, wir kommen in einen Wald und wenden uns nach Südosten. Über einen deutlichen Pfad betreten wir in 840 m das Plateau des Monte Tisiddu.

Die Tónneri und die Tacchi mit dem Monte Tisiddu bei Ulássai.

Vor uns sehen wir den Gipfel und links bis zum Meer. Nach links führen deutliche Spuren zu den Felsabstürzen, wir allerdings wandern gerade auf den Berg zu (Steinmänner). Ein deutlicher Pfad führt dann durch einen Wald und über zwei felsige Passagen zum Gipfel des **Monte Tisiddu** (Vorsicht!). Im Norden, über Ulássai und den steilen Felswänden, die jederzeit einzustürzen drohen, sehen wir die »tónneri« von Seui (Perda 'e Liana) und dahinter das Gennargentu-Massiv. An den Hängen des Riu Padru können wir die neuen und die zerstörten Dörfer Ósini und Gáiro ausmachen. Ein Hangrutsch entvölkerte die alten Siedlungen, die heute wie Geisterstädte aussehen.

26 Pizzu Margiani Pobusa, 1324 m

Monte Tónneri und die Barbagia

Forsthaus Mario Falchi – Margiani Pobusa – Forsthaus

Talorte: Seui oder Lanusei.
Ausgangspunkt: Forsthaus Mario Falchi, 863 m. Auf der SS 198 von Seui 9 km bis zu der ockerfarbenen Cantoniera Arcueri und kurz danach links auf der Asphaltstraße der Beschilderung »Perda Liana« und »Mont Arbu« folgen. Nach 6,6 km rechts ab auf die Schotterstraße Richtung Forsthaus M. Falchi und auf dieser immer geradeaus durch zwei Tore (wieder schließen!) ca. 10 km bis zum Forsthaus und Parkplatz.
Gehzeiten: Forsthaus – Gipfel 2 Std.; Abstieg 1 Std.; Gesamtzeit 3 Std.
Höhenunterschied: 461 m.
Anforderungen: Leichte Wanderung auf einem markierten Naturlehrpfad (Schilder). Das letzte Stück zum Gipfel erfolgt auf schmalem Pfad (Steinmänner) und über felsiges Gelände.
Einkehr und Unterkunft: In Seui Restaurants und ein Gasthaus (Locanda); in Lanusei Restaurants, Hotels.

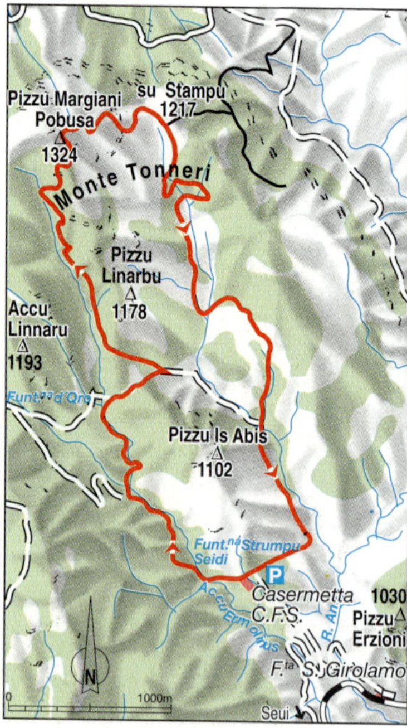

Der mächtige Riu Flumendosa hat zwischen dem Gennargentu-Massiv im Norden und dem Monte Tónneri im Süden ein tiefes Tal gegraben – er bildet die Trennlinie zwischen zwei völlig unterschiedlichen Landschaftsformen: die sanften Hängen des Gennargentu und die steilen Felsabstürze des Monte Tónneri, »tacchi« genannt. Der höchste Punkt des Massivs, der Pizzu Margiani Pobusa, liegt im Verwaltungsbereich des Staatsforstes von Montarbu, in der Barbagia di Seulo.

In der Fahrtrichtung, in der wir gekommen sind, geht es geradeaus (nach Westen) rechts am Forsthaus vorbei und weiter rechts auf dem Naturlehrpfad, entlang des Baches **Accu Ermolinus** in nördlicher Richtung. Interessante Formationen im Bachbett (zahlreiche Wannen) und mediterrane Flora säumen den Weg, der zunächst entlang eines Holzgeländers verläuft. An einer Abzweigung gehen wir rechts und erreichen eine zweite, beschilderte Abzweigung, an der wir uns ebenfalls rechts halten (Schild »Margiani

Vom Gipfel blicken wir über das Flumendosa-Tal zur Punta La Marmora.

Pobusa«). Einige Male überqueren wir auf Holzbrücken den Fluß. In einer Höhe von 1010 m sind wir an der **Sorgente su Scurzu** (links zur »Funtana d'Oro« beschildert). Unser Weg schwenkt nach rechts (Osten). Vorbei an der **Sorgente Travarbus** erreichen wir eine Abzweigung und verlassen den Forstweg scharf nach links (Schild »Margiani Pobusa«). Nun steigt der Weg nach Norden an. Erst auf breitem Waldweg, dann auf schmalem Bergpfad, der üppig mit Steinmännern markiert ist, geht es hinauf zum höchsten Punkt des gesamten Mont Arbu-Massivs, dem **Pizzu Margiani Pobusa**. Auf dem kahlen Gipfel (Häuschen, einige Antennen) erwartet uns ein beeindruckendes Panorama: Im Norden, jenseits des tief eingeschnittenen Flumendosa-Tales, erheben sich die höchsten Gipfel der Insel, u.a. die Punta La Marmora (1834 m). Von der zerklüfteten Landschaft der »tónneri« und »tacchi« im Osten und Süden fällt der Perda 'e Liana (Stein der Ebene) am meisten auf.
Auf einem breiten Weg erfolgt nun der Abstieg nach Osten. Es geht hinab in eine Senke, am rechten Rand des flachen Stückes setzt sich der Weg auf einer Forststraße nach Süden fort. Vorbei an mehreren Abzweigungen, gehen wir immer geradeaus hinab, der Beschilderung zur »Caserma Ula« folgend. Mit faszinierendem Blick auf die steilen »tónneri« gelangen wir wieder zurück zum Forsthaus.

27 Punta La Marmora, 1833 m

Ganz unauffällig, aber dennoch der höchste Gipfel der Insel

Liftstation – Bruncu Spina – Punta Paulinu – Punta su Sciusciu – Punta La Marmora

Talorte: Fonni im Norden und Désulo im Westen des Massivs, beides traditionsreiche Bergdörfer.
Ausgangspunkt: Liftstation Bruncu Spina, 1557 m. Von Fonni auf der Asphaltstraße in Richtung Désulo, nach 5 km links Richtung »Monte Spada«. Bei der ersten Abzweigung rechts. Fast am Ende der Straße (10 km) befindet sich die Skistation von Bruncu Spina. Hier parken.
Gehzeiten: Parkplatz – Punta Paulina 1 Std.; Punta Paulina – Punta su Sciusciu 1 Std.; Punta su Sciusciu – Punta La Marmora ½ Std.; zurück 2 Std.; Gesamtzeit 4½ Std.
Höhenunterschied: 700 m.
Anforderungen: Leichte Wanderung auf meist deutlichen Pfaden. Nicht markiert. Orientierung bei guter Sicht einfach.
Einkehr und Unterkunft: In Fonni und Désulo Bars, Restaurants, Hotels, Agriturismo.

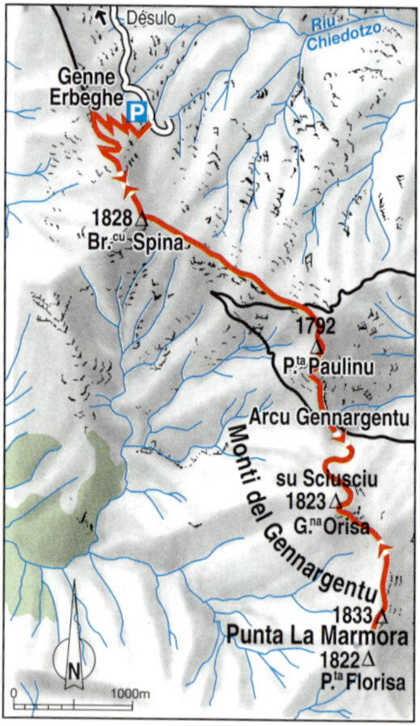

Im Massiv der Monti del Gennargentu (Berge des Silbersattels) reihen sich die höchsten Gipfel der Insel 5 km lang wie an einer Kette aneinander. Der Sattel Arcu Gennargentu ist denn auch die einzige auffällige Vertiefung in der Kette, die sich dem Betrachter als sanfte Hügellandschaft präsentiert. Im Winter und Frühjahr, wenn die Gipfelregionen verschneit sind, überzieht ein silberner Schimmer das sonst unscheinbare Massiv.

Vom Parkplatz steigen wir zunächst unter dem Skilift hinauf und entfernen uns bald davon nach rechts. Zwischen niedrigem Bewuchs wandern wir (weglos) in Serpentinen bergauf und erreichen in 1740 m Höhe den Gratverlauf, auf dem wir nun *permanent* bleiben. Der **Bruncu Spina** bietet mit 1828 m (geringfügig niedriger als die Punta La Marmora), einen unglaublichen Rundblick, vor allem nach Norden. Hinter Supramonte, Monte Albo und Gallura können wir sogar bis zur Insel Korsika sehen – im Westen bis Montiferru! An den Antennen und einigen verfallenen Bauten halten wir uns nach Osten. Vor uns sehen wir den Gratverlauf mit dem Einschnitt des **Arcu**

Gennargentu, der Punta su Sciusciu und – weiter östlich versetzt – dem Hauptkamm. In leichtem Auf und Ab folgen wir nun den Pfadspuren auf dem Gratverlauf. An der **Punta Paulina** halten wir uns rechts (westlich) und steigen in die Senke ab. Wir entfernen uns jetzt vom Grat und wandern auf der linken (östlichen) Hangseite der Punta su Sciusciu weiter. Pfadspuren (über Granitplatten teilweise nicht zu erkennen) führen zu einer **Quelle**, die mit geschichteten Steinen umfaßt ist. Nun schwenkt die Spur allmählich wieder nach rechts und wir erreichen den Rücken, auf dem wir zum Gipfel der **Punta su Sciusciu** aufsteigen (Steinpyramide). Im Süden und Westen kann man manchmal ganze Rudel von Mufflons entdecken. Nun hinab in den Sattel **Genna Orisa** und auf der anderen Seite zum Gipfel der **Punta La Marmora** (Marmortafel, Betonsockel), benannt nach dem Sardinienforscher Alberto La Marmora, der sich Anfang des 19. Jh. intensiv mit der Geschichte der Insel befaßte. Die ganze Insel liegt uns von hier oben zu Füßen.

Auf dem Weg zum höchsten Punkt der Insel liegt im Frühjahr häufig Schnee. Im Hintergrund der Supramonte.

28 Monte Oro, 669 m

Der Goldberg mit der goldenen Aussicht

Santa Maria Navarrese – Monte Oro – Santa Maria Navarrese

Talort: Santa Maria Navarrese, kleiner Strandort in schöner Lage am Golfo di Ogliastra. Busverbindung täglich.
Ausgangspunkt: Santa Maria Navarrese, oberer Dorfplatz (40 m). Von der SS 125, zwischen Baunei und Arbatax, nach Santa Maria Navarrese. Vom begrünten Kirchplatz in westlicher Richtung auf der Via Plammas bis zum nächsten Platz hinauf (links ein Restaurant). Hier parken.
Gehzeiten: Santa Maria Navarrese – Monte Oro 2½ Std.; Abstieg 2 Std.; Gesamtzeit 4½ Std.
Höhenunterschied: 659 m.
Anforderungen: Leichte Wanderung auf deutlichen, aber nicht markierten Panoramawegen. Letzte Passage zum Gipfel weglos.
Einkehr und Unterkunft: Restaurants, Hotels und Ferienwohnungen in Santa Maria Navarrese.
Tip: Eine hervorragende Adresse ist der Familienbetrieb »Hotel Santa Maria« mit einer Reihe von Serviceleistungen für Ausflüge und Wanderungen: Bootsfahrten, Mountainbike-Verleih, Transfer- und Abholservice, etc.

Eine ausladende Tiefebene, früher wegen der Malaria gefürchtet, heute als fruchtbares Schwemmland begehrt, eine bizarre Granitlandschaft und ein hochaufragendes Kalksteingebirge bilden die abwechslungsreiche Umgebung dieser Wanderung. Immer wieder erfreut die Aussicht auf die Bucht von Arbatax.

Vom oberen Dorfplatz, in den sternförmig mehrere Straßen einmünden, steigen wir nach rechts auf einer Asphaltstraße hinauf bis zur nächsten Abzweigung. Hier links auf der Schotterstraße weiter, die am **Genna Inter Montes** wieder in eine Asphaltstraße mündet (gegenüber sehen wir eine schmale Schotterstraße, unseren Rückweg). Wir halten uns rechts auf einem breiten Weg durch ein Tor, steigen links zwischen zwei mächtigen Johannisbrotbäumen auf und passieren ein Wasserhäuschen zur Linken. Am Ende des Zaunes schwenkt der breite Weg nach rechts (Norden). *Aufgepaßt:* Links oberhalb des Weges ragen steile Felswände auf. Rechts des Weges

Santa Maria Navarrese – am Meer und doch in den Bergen.

stehen Felsköpfe. Kurz vor dem ersten Felskopf, unterhalb der Felskante, müssen wir links in der Macchia einen schmalen, aber deutlichen Pfad suchen, der nach Westen hinaufführt. Bald, an einer Wegteilung, halten wir uns links und bleiben nun permanent und leicht aufsteigend auf diesem deutlichen Pfad zwischen mediterraner Flora. In 440 m Höhe verbreitert sich der Weg, führt in westlicher Richtung weiter und mündet in einen anderen Weg, der von links durch ein Gatter heraufkommt (unser Rückweg!). Unterhalb des **Monte Scoine** wandern wir in gleichbleibender Höhe nach Norden. Unter uns sehen wir die SS 125 und vor uns das Städtchen **Baunei**. Wir erreichen eine Abzweigung (440 m). Geradeaus geht es zur Asphaltstraße nach **Pedra Longa**. Wir gehen nach rechts hinauf und sehen oben eine schmale Scharte: das »Tor« zum Hochplateau des Monte Oro. Zwei Pfade gehen nach links ab – wir nehmen den zweiten nach oben und steigen zu dem Einschnitt auf. Dort zunächst auf einer Pfadspur weiter, dann, dem Geröll ausweichend, links über Felsterrassen in südlicher Richtung hinauf. Bevor wir den Rand der Hochfläche erreichen, halten wir uns rechts und gehen nach Westen zum höchsten Punkt des **Monte Oro** (Vorsicht Abgrund!). Die Rundschau ist phantastisch: Das Gennargentu-Massiv im Westen und das Salto-di-Quirra-Massiv im Süden umrahmen die fruchtbare Tiefebene der Ogliastra. Unten sehen wir die Bucht von Arbatax mit dem fischreichen stagno (Strandsee).
Wir gehen auf demselben Weg zurück bis zu der Abzweigung mit dem Gatter. Rechts dahinter setzt sich die Wanderung auf neuer Route fort. Immer rechts bleibend, queren wir den Hang bis zum Asphalt hinab. Gegenüber geht es auf bekanntem Weg zurück zum Parkplatz.

29 Punta Giradili, 732 m

Atemberaubende Symbiose aus Fels und Meer

Pedra Longa – Cuile d'us Piggius – Punta Giradili – d'us Piggius – Belvedere di Baunei – Pedra Longa

Talorte: Santa Maria Navarrese und Baunei (siehe Tour 28).
Ausgangspunkt: Parkplatz Pedra Longa (50 m). Von der SS 125, zwischen Baunei und Santa Maria Navarrese, zweigt bei km 153 eine asphaltierte Straße nach Osten zum Meer ab. Am Restaurant parken (3,6 km).
Gehzeiten: Pedra Longa – Cuile d'us Piggius 3½ Std.; d'us Piggius – Punta Giradili und zurück 1¾ Std.; d'us Piggius – Belvedere 1 Std.; Belvedere – Asphalt ½ Std.; 3 km Asphalt ¾ Std.; Gesamtzeit 7½ Std.
Höhenunterschied: 780 m.
Anforderungen: Die Wanderung ist zum Teil anspruchsvoll, gute Orientierung ist dafür unerläßlich. Die Markierung (blau) muß man manchmal suchen, da die Wege von Macchia überwuchert sind. Zuletzt auf karstigem Boden ohne Markierung zum Aussichtspunkt. Der teilweise steile Aufstieg über die Osthänge kann sehr heiß werden.
Einkehr und Unterkunft: In Baunei und Santa Maria Navarrese (siehe Tour 28).

Am Pedra Longa (langen Stein) beginnt die Wanderung.

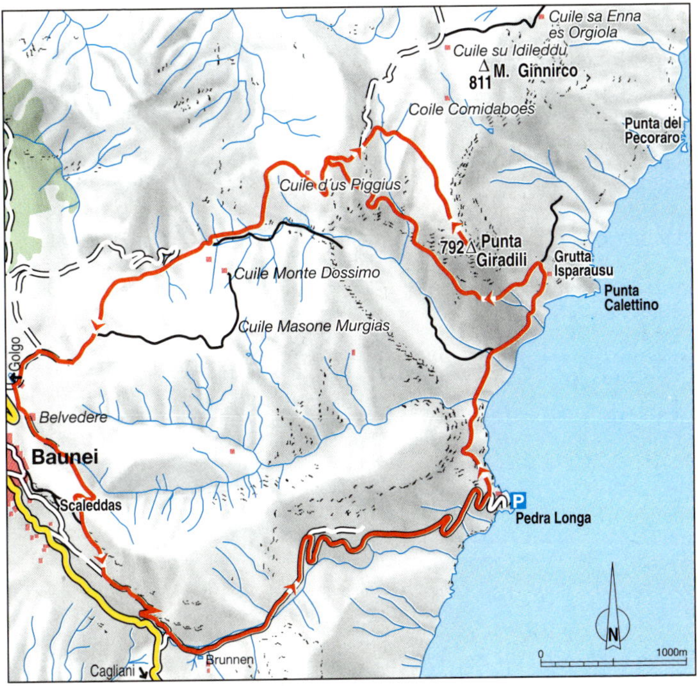

Pedra Longa, »der lange Stein«, ist eine der zahlreichen Felsnadeln, die den Klippen der Ostküste Sardiniens im Bereich des Golfo di Ogliastra und des Golfo di Orosei ihre unvergleichliche Schönheit verleihen. Hier startet auch der extreme, mehrtägige Wanderweg »Sentiero Salvaggio Blu« (siehe Seite 15), der nahe der steilen Klippen nach Norden führt. Die hier beschriebene, unschwierige Etappe bringt uns bereits durch eine aufregend wilde Landschaft.

Hinter dem Restaurant steigen wir bergauf, vorbei an einer Baracke. Auf dem deutlichen Weg, der den steilen Hang quert, gehen wir bald durch ein Gatter. Wir bleiben auf dem markierten Weg, vorbei an einer Rechtsabzweigung, und sehen unter uns ein ausladendes Plateau, über dem sich im Norden die steilen Felswände bis zur Punta Giradili erheben. Wir steigen zu dieser Ebene ab und laufen nach Norden. Das von grünem Dickicht überwucherte Tal links war früher landwirtschaftliches Anbaugebiet. *Aufgepaßt:* Wir überqueren einen Bach und gehen einige Felsstufen hinauf. Danach steigen wir

links auf einem kalkweißen, kieseligen, anfangs sehr breiten Weg an (die blaue Markierung ist nach wenigen Schritten zu sehen!). Rinnen und Trampelpfade zweigen vom steilen, markierten Weg ab. Bei einer Hangquerung weist eine rote Markierung in einer Geröllrinne nach links (beschwerlicher Aufstieg!) – geradeaus ist unser Weg von einem umgestürzten Baum mit Schlingpflanzen versperrt. Wir überklettern den Baum und folgen den blauen Zeichen in Kurven hoch. Später stoßen wir auf den obersten Teil der genannten Geröllrinne. Kurz danach gelangen wir auf eine breite Rampe unter den imposanten Felsen. Der Weg dreht nach Westen und verläuft nun oberhalb des grünen Tales mit bestechend schönen Aus- und Tiefblicken.
Wir kommen durch ein Gatter hindurch. Dieses Stück ist faszinierend! Der befestigte, alte Hirtenpfad, der sich allerdings auf einem Schotterhang nahezu verliert, führt in westlicher Richtung hinauf bis zum **Cuile d'us Piggius** (Cuile = Ovile = Schäferhütte) – rechts ist der Ziegenstall. Durch ein weiteres Gatter kommen wir auf einem breiten Weg, vorbei an der Schäferhütte, zu einem Tor und dahinter zur Einmündung in einen anderen Weg (links unsere Abstiegsroute). Wir gehen rechts. Kurz nach dieser Abzweigung (Markierungen am rechten Wegrand) verlassen wir den breiten Weg und wenden uns rechts einem Wäldchen zu. In leichtem Auf und Ab geht es nun nach Osten. In dem weglosen Gelände müssen wir auf die Markierung besonders achten. In 720 m Höhe, bei einem bis auf die Grundmauern verfallenen Ovile, führt die Markierung nach Norden weiter. *Aufgepaßt:* Wir verlassen die markierte Route nach rechts und gehen nun in östlicher Richtung weiter (prägen Sie sich diese Stelle für den Rückweg gut ein: vorne links, in einer Mulde hinter einem Felsrücken, steht eine auffällig große Steineiche!). Zunächst steigen wir auf dem karstigen Hang diagonal nach links hinauf, um über die macchiafreien Felsen den Rand der Klippen zu erreichen, entlang derer (Vorsicht!) wir wandern. Nach kurzem Abstieg in eine Scharte geht es endgültig hinauf zur **Punta Giradili**, von der sich ein unvergleichlich schöner Rundblick bietet: Wir sehen die Bucht von Arbatax, die ganze Ogliastra bis zu den höchsten Gipfeln der Barbagia und die faszinierende Steilküste des Golfo di Orosei.
Auf dem Rückweg halten wir uns wieder an die Klippen und achten darauf, daß wir nicht zu weit nach links (Süden) absteigen. Vorbei am **Cuile d'us Piggius**, bleiben wir auf dem Hauptweg und steigen in einer Senke bis auf ca. 540 m Höhe hinab. Erst eben, dann leicht ansteigend, zweigt in einer Rechtskurve der Straße (590 m) geradeaus ein deutlicher, ansteigender Pfad ab (links daneben eine Umzäunung). Auf diesem Weg, an einer Wegkreuzung geradeaus, kommen wir zu einer Einmündung und biegen links ab. Nun steigen wir südlich zu einem Hochplateau hinauf (640 m), auf dem unser Weg abermals in einen breiteren Weg mündet. Wir gehen rechts, bis wir die breite Fahrpiste zwischen **Baunei** und **Golgo** erreichen. Auf dieser gehen wir einige Minuten nach links, bis zur Abzweigung »Belvedere«. Hier links auf

Entlang der Klippen wandern wir zur Punta Giradili.

einem deutlichen Weg nach Süden (rechts die Aussichtsterrasse über Baunei). Ohne abzuzweigen gehen wir bis zum Gegenhang leicht abwärts. Davor biegen wir nach rechts ab und kommen durch ein Gatter und über **Scaleddas** (Treppchen) hinab. Die alte befestigte »Mulatiera« führt vorbei an einer Rechtsabzweigung und entlang eines Zaunes bis zu einer Fahrpiste. Hier links und bei der nächsten Abzweigung rechts hinab zur Asphaltstraße, auf der wir links zurück zum Parkplatz **Pedra Longa** gelangen (ca. 3 km).

30 Bacu Maore

Durch die »Große Schlucht« zum Meer

Nuraghe Co 'e Serra – Einstieg zur Schlucht – Porto Quao – Punkt 690 m – Nuraghe Co 'e Serra

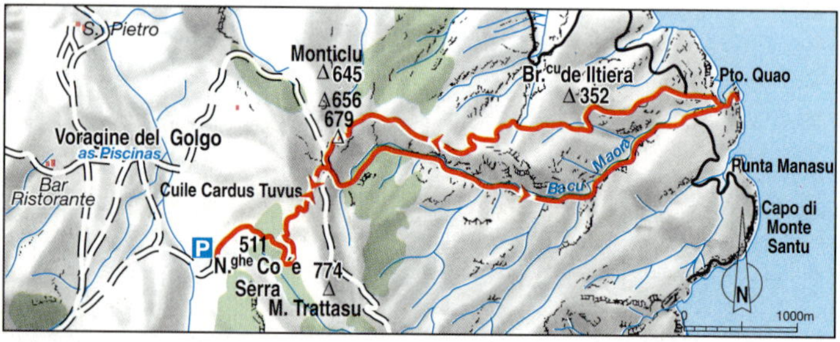

Ausgangspunkt: Nuraghe Co 'e Serra (470 m). Auf der SS 125 bis Baunei und hier der Beschilderung »Rist. Golgo 8 km« folgend, erreichen wir das Hochplateau von Golgo. Die (noch nicht asphaltierte) Straße führt an zwei Rechtsabzweigungen vorbei: »Belvedere« und »Punta Ginircu«. An der dritten Abzweigung biegen wir nach rechts ab (Tafel »Nuraghe Co 'e Serra«). Bei nun folgenden Abzweigungen halten wir uns erst rechts und dann links. In 470 m Höhe, 1 km nach der beschilderten Abzweigung, unterhalb der Nuraghe Co 'e Serra, bietet sich eine Parkmöglichkeit links des Fahrweges.

Gehzeiten: Parkplatz – Schluchteinstieg 1 Std.; Schluchtlänge – Porto Quao 1 Std.; Porto Quao – höchster Punkt 2 Std.; Abstieg ½ Std.; Gesamtzeit 4½ Std.

Höhenunterschied: 810 m.

Anforderungen: Leichte Wanderung; jedoch nicht markiert. Wenn man den Einstieg in die Schlucht gefunden hat, ist der Abstieg zum Meer eindeutig. Der Rückweg erfordert gute Orientierung.

Einkehr und Unterkunft: Bar/Ristorante Golgo in der Hochebene (nach Anfrage Camping möglich). In Baunei Restaurant, Gasthaus. In Santa Maria Navarrese Hotels, Ferienwohnungen, Campingplatz.

Die wasserlose Schlucht von Maore wurde früher von den Köhlern als leichter Zugang zum Meer (Porto Quao) genützt. Überreste von Meilern zeugen noch heute davon. Steile Felswände und bizarre Kalkformationen bilden hier eine wilde, faszinierende Landschaft.

Vom Parkplatz steigen wir nach Südosten auf (rechts die Ruine der Nuraghe **Co 'e Serra**). Wir bleiben auf der befestigten Piste, die zum höchsten Punkt unserer Wanderung (690 m) hinaufführt. An einer Rechtsabzweigung (grüne Markierung) gehen wir gerade weiter. Bald sehen wir das Meer, die Schlucht Bacu Maore und vor allem den nördlichen Bergrücken der Schlucht, auf dem unser Rückweg verläuft. Hier aufgepaßt: In 620 m Höhe, in einer Linkskurve des steinigen Weges, biegen wir rechts auf einen weniger deutlichen Weg ab

Blick zum sichelförmigen Golfo di Orosei.

(links geht es weiter zu einem Ovile). Etwa 60 m nach der Abzweigung gelangen wir zu einem abgestützten Kohlenmeiler. Von dort geht es rechts (östlich) über einige Felsstufen hinab. Bald sehen wir vor uns einen weiteren Meiler mit einer Steineiche. Kurz davor wenden wir uns nach rechts (Süden) und treffen am Rand der Schlucht auf einen befestigten Weg. Hier links hinab und in einigen Kurven zum Talgrund. Zwischen hohen, formschönen Kalkfelsen führt der Weg leicht bergab. Schließlich weitet sich das Tal, der **Porto Quao** ist erreicht. In der gewundenen, engen Bucht wurde früher die Kohle zum Weitertransport verladen. Kurz vor der Bucht stoßen wir auf den blau markierten »Sentiero Salvaggio Blu« (Seite 15), der nach rechts zum Capo Monte Santu und links nach Cala Goloritzé (Tour 31) führt. Wir folgen ihm nach links und kommen bald über eine befestigte »Mulatiera« und einige Felsstufen. Unmittelbar an dieser Stelle, bevor sich der Weg wieder verflacht, verlassen wir die markierte Route nach links. Durch dichten Bewuchs erreichen wir eine Lichtung. Ab hier folgen wir einer Pfadspur, die auf dem nördlichen Bergrücken parallel zur Schlucht verläuft, nach oben. In 300 m Höhe wird der Weg flacher. Von rechts mündet ein Weg ein. Wir gehen geradeaus und kommen zum Ovile **El Tierra**, inmitten eines Steineichenwaldes, lassen die Hütte rechts liegen und steigen weiter auf dem Weg an. Allmählich nähern wir uns dem Schluchtrand. Wegen der beeindruckenden Tiefblicke lohnt es sich, den Weg nach links zu verlassen. Im Norden, am Golfo di Orosei, sehen wir die Orte Cala Gonone und Orosei. Darüber erhebt sich der Monte Tuttavista. In 500 m Höhe wandern wir an einem Seitenarm des **Bacu Sonnuli** vorbei – er liegt rechts des Weges. Ohne den Bergrücken zu verlassen, erreichen wir schließlich den Kohlenmeiler mit der Steineiche und den Einstieg zur Schlucht. Auf dem uns bekannten Weg zurück.

31 Cala Goloritzé

Von der sanften Ebene von Golgo zu der wilden Felsenküste von Cala Goloritzé

Piana di Golgo – Bacu Goloritzé – Cala Goloritzé

Talort: Baunei, fast ein Städtchen an der SS 125, 20 km nördlich von Arbatax. Täglich Busverbindung.
Ausgangspunkt: Golgo-Hochplateau (410 m) unterhalb des Ristorante Golgo. Von Baunei der Beschilderung in Richtung »Rist. Golgo 8 km« folgen, vorbei an den Abzweigungen Belvedere, Punta Ginircu und Nuraghe Co 'e Serra. An einer Kreuzung (links Rist. Golgo, rechts as Piscinas) wird geparkt.
Gehzeiten: Golgo-Hochfläche – Sattel 480 m ½ Std.; Sattel – Strand 1 Std.; zurück 1½ Std.; Gesamtzeit 3 Std.
Höhenunterschied: 550 m.
Anforderungen: Leichte Wanderung auf deutlichem Weg, zwar sparsam markiert (rot), aber nicht zu verfehlen.
Einkehr und Unterkunft: siehe Tour 28.
Tip: Das Bergrestaurant »Golgo«, Tel. 0782-610774, bietet nicht nur typisches Essen (außerhalb der Saison nach Bestellung), auf Anfrage kann man auch in der Nähe zelten (Dusche/WC).

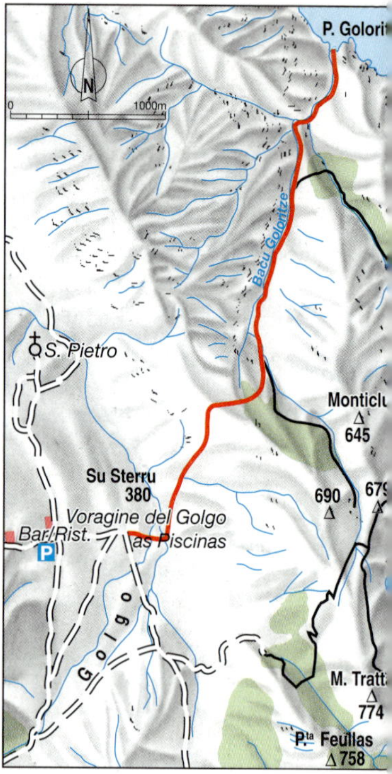

Die Hochfläche von Golgo wurde früher intensiv landwirtschaftlich genutzt – inzwischen wuchert überall die Macchia. Die »Chiesa Campestra S. Pietro« (18. Jh.), die karstige Doline »Voragine del Golgo« und die Wasserbecken »as Piscinas«, für die Tiere lebensnotwendig in dieser trockenen Gegend, sind gut ausgeschilderte Sehenswürdigkeiten dieser Hochfläche.

Vom Parkplatz folgen wir einer breiten Fahrpiste, rechts vorbei an »as Piscinas«, in östlicher Richtung. Vorbei an einer Rechtsabzweigung, sehen wir bald links des Weges eine Lichtung im Wald und ein Ovile (Schäferhütte). Hier beginnt ein Geröllweg, der nach Osten den Hang hinaufführt zu einem Sattel (480 m) und über den Sattel wieder hinab. Bald ist eine Markierung mit der Nr. 04 zu sehen (unsere Route). Der Weg schwenkt nach links in die Schlucht **Bacu Goloritzé**. Immens große, jahrhundertealte Steineichen – manche mit einem Umfang von 6 m und mehr – säumen den Weg. In 250 m Höhe zweigt ein blau markierter Weg nach rechts ab. Wir steigen aber hinunter, vorbei an einem Höhlen-Ovile, und können die Punta Goloritzé, eine formschöne Felsnadel (Aguglia) inmitten bizarrer Felslandschaft erkennen. Blaue Markierungen weisen nun nach links auf den »Sentiero Salvaggio Blu« (Seite 15). Wir gehen geradeaus. Durch einen Fels-Torbogen treten wir aus der Enge der Schlucht heraus. Unter dem glatten Turm erwartet uns noch eine kurze, steile Passage, dann ist die weiße Bucht **Cala Goloritzé** erreicht. Von der äußersten linken Ecke der Bucht erkennen wir auf der gegenüberliegenden Seite einen fotogenen Felsbogen über dem türkisblauen Meer. In diesen fischreichen, einsamen Buchten des Golfo di Orosei tummelten sich früher viele Robben, aber auch zahlreiche Fischer, die die »räuberischen« Robben jagten. Deshalb wurden die Buchten in diesem Küstenabschnitt des Golfes als Cala Mariolu (= Fischdieb) bezeichnet.

Die vielen Felsnadeln an der Steilküste bieten zahlreiche Kletterrouten.

32 Von der Cala Sisine zur Cala Luna

Über dem Golfo di Orosei von Bucht zu Bucht

Cala Sisine – Cuile Sacedderano – s'Architieddu Lupiru – Cala Luna – Caletta Fuili

Talorte: Baunei und Santa Maria Navarrese im Süden; Cala Gonone im Norden.
Ausgangspunkt: Codula di Sisine, 127 m. Von Baunei (über die SS 125 zu erreichen) folgt man der Beschilderung »Rist. Golgo, 8 km« zum Golgo-Hochplateau. Am Restaurant vorbei, rechts von der Kapelle San Pietro, führt die Piste durch die Schlucht von Sisine. Am Ende der Piste, derzeit 10 km ab Restaurant, parken.
Gehzeiten: Parkplatz – Cala Sisine 1¼ Std.; Cala Sisine – Cuile Sacedderano 1¾ Std.; Hütte – s'Architieddu 1 Std.; s'Architieddu – Cala Luna 1 Std.; Cala Luna – Caletta Fuili 2½ Std.; Gesamtzeit 7½ Std.
Höhenunterschied: 850 m.
Anforderungen: Unschwierige, aber lange Wanderung auf meist deutlichen Wegen. Nur von der Cala Luna nach Caletta Fuili (grün) markiert. Gute Kondition und Orientierung sind wichtig.
Einkehr und Unterkunft: In Cala Gonone.
Tip: Wer mit dem Boot zur Cala Sisine fährt, verkürzt die Tour um über eine Stunde. Wer ein zweites Auto am Caletta Fuili (bei Dorgali) abstellen kann oder sich abholen läßt, erspart sich 3,5 km Asphalt und das Problem mit dem in Codula di Sisine stehenden Auto. Oder man plant gleich zwei Tage für diese Wanderung ein: 1. Tag: Rist. Golgo – Cala Sisine; 2. Tag: Cala Sisine – Cala Gonone. Busverbindungen zwischen Cala Gonone und Baunei.

Die Steilküste am Golfo di Orosei ist wohl einer der schönsten Küstenabschnitte Sardiniens. In geringer Entfernung, parallel zur Küste, verläuft die SS 125 – auch sie verdient den Superlativ, die schönste Panoramastraße der Insel zu sein. Zwischen Küste und Straße erstreckt sich ein seit jeher einsames, karstiges Bergland, früher Areal der Hirten, heute ein Eldorado für bergsportliche Aktivitäten.
Vom Parkplatz, zunächst auf breitem Weg, dann im Flußbett der **Sisine-Schlucht**, wandern wir zum Meer. Kurz vor dem Sisine-Strand steht das Restaurant (nur in der Saison geöffnet). Vom Strand überblicken wir den nördlichen Teil des sichelförmigen Golfo di Orosei. Wir gehen links zu einem kleinen Gebäude, dahinter den Hang hoch und kommen auf einen deutlichen Weg, den wir nach rechts weiterverfolgen. Er schlängelt sich im weiteren Verlauf durch den Wald hinauf – unterwegs ergeben sich herrliche Ausblicke auf die Bucht von Sisine mit den hochaufragenden Felswänden. Dann verflacht sich der Weg und führt parallel zur Küste weiter. In 300 m Höhe erreichen wir eine Schlucht. Hier schwenkt der Weg nach Westen. Aufgepaßt: Wir sehen einen markanten Felsturm. 200 m nach der Kurve kommen wir in einen dichten Wald. Zwischen dem Felsturm rechts und einem felsigen Hang links gehen wir immer geradeaus hinauf. Nach dem Wald geht es durch niedriges Gestrüpp, und der Weg schwenkt nach rechts. Dann zwischen

großen Steineichen geradeaus zum **Cuile Sacedderano** hinauf. Ab hier ist die Spur nicht mehr deutlich. Die Schäferhütte ist im traditionellen Stil aus Wacholder-Holzstämmen erbaut. Hinter der Hütte (im Norden) gehen wir nach links, entlang einer Schlucht. Am oberen Ende dieser Schlucht (rechts ein Kohlenmeiler) gehen wir gerade hinauf bis zu einer Weggabelung. Hier

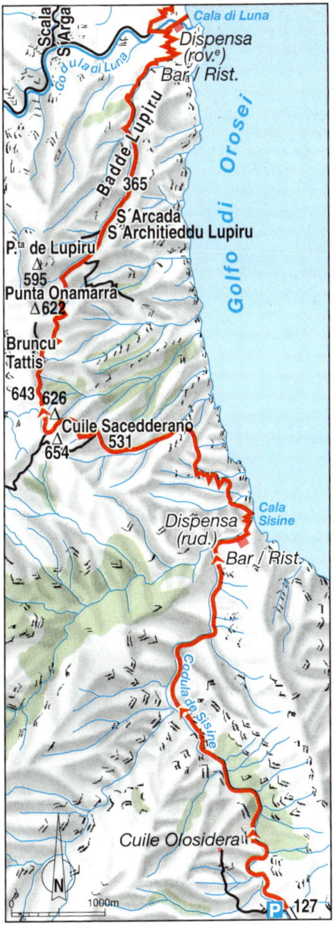

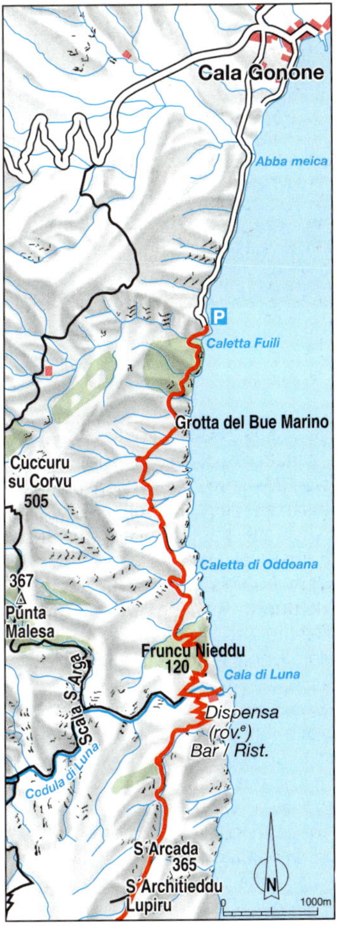

Die Cuile Sacedderano ist wie viele alte Schäferhütten aus Wacholder-Stämmen gebaut.

rechts weiter, zuerst über eine Felsrippe, dann in einem Bogen nach links. Aufgepaßt: Hinter der nächsten Felsrippe kommen wir zu einem Meiler und an seinem rechten Rand *bergab* erreichen wir einen breiten Weg: Hier rechts! Im oberen Teil einer Rinne verliert sich der Weg kurzzeitig, er taucht jedoch am rechten Rand des Geröllhanges wieder auf. Wir wandern nun über einen Sattel, zwischen zwei Schluchten, nach Norden zum höchsten Punkt unserer Wanderung (600 m). In der Ferne sehen wir die Felsen oberhalb der Codula di Luna und den Antennen-Berg von Cala Gonone. Nun geht es bergab, erst nördlich, dann nordöstlich durch einen Wald zur **Badde Lupiru**, einer atemberaubend schönen, wild zerklüfteten Schlucht. Sobald wir aus dem Wald kommen, gehen wir geradeaus auf die Felswände zu und links davon weiter hinab. In 330 m Höhe stehen wir plötzlich vor einer Felswand mit einem riesigen Durchbruch, wie ein Fenster: **s'Architieddu Lupiru**. Dann verengt sich die Schlucht. In 100 m Höhe verlassen wir sie nach links, nun steigt der Weg leicht an. Oben angekommen, sehen wir im Süden die Cala Sisine, dahinter das Capo Monte Santu. Nun folgt der Abstieg in die **Codula di Luna**. Unten, am Restaurant, geht es rechts zur Bucht. Wir gehen wenige Schritte nach links und queren die Schlucht zum grün markierten Höhenweg zur Cala Fuili. Am Boden ist ein Pfeil aus Steinen ausgelegt, der zum Einstieg weist. Nach kurzem Anstieg zeigt sich die Cala Luna von ihrer schönsten Seite (siehe Titelbild). Von hier in leichtem Auf und Ab zur Caletta **Fuili**. Nach **Cala Gonone** sind noch harte 3,5 km Asphalt in Kauf zu nehmen.

Durch das Felsenfenster s'Architieddu sehen wir Cala Gonone, das Ziel der Tour.

33 Codula di Luna

Durchquerung der bizarren »Mondschlucht«

Teletodes – Cala Luna – Caletta Fuili

Ausgangspunkt: Teletodes, 180 m. Von der SS 125, Orientale Sarda, bei km 172.I (südlich der Abzweigung nach Urzulei) zweigt eine Asphaltstraße nach Osten in die Schlucht ab (11 km).
Gehzeiten: Parkplatz – Cala Luna 5 Std.; Cala Luna – Caletta Fuili 2½ Std.; Gesamtzeit 7½ Std.
Höhenunterschied: Abstieg 280 m, Aufstieg 200 m.
Anforderungen: Leichte Durchquerung. Die Schlucht ist sehr flach (auf 10 km 180 m Gefälle). Wenn die Schlucht Wasser führt, sind Trittsicherheit und gute Kondition erforderlich. Orientierung sehr leicht.
Einkehr und Unterkunft: In Cala Gonone Bars, Restaurants und Hotels.
Bemerkung: Wie bei allen Streckenwanderungen ist es auch hier eine Organisationsfrage, wieder zum Auto zurückzukommen. Von Cala Gonone pendelt ein Boot, das in der Saison morgens und abends die Bucht anläuft (Voranmeldung empfohlen!). Ein Besuch der Tropfsteinhöhle »Bue Marino« lohnt sich.

Schluchtbegehungen sind eine Spezialität der Insel. Durch die Kalkmassive des Golfo di Orosei und des Supramonte mit ihren Karsterscheinungen ziehen eine Reihe von tief eingeschnittenen Tälern und engen Schluchten. Eine der bekanntesten und am leichtesten begehbaren ist die Codula di Luna – die Sichelform der Cala Luna ist namensgebend auch für die Schlucht.

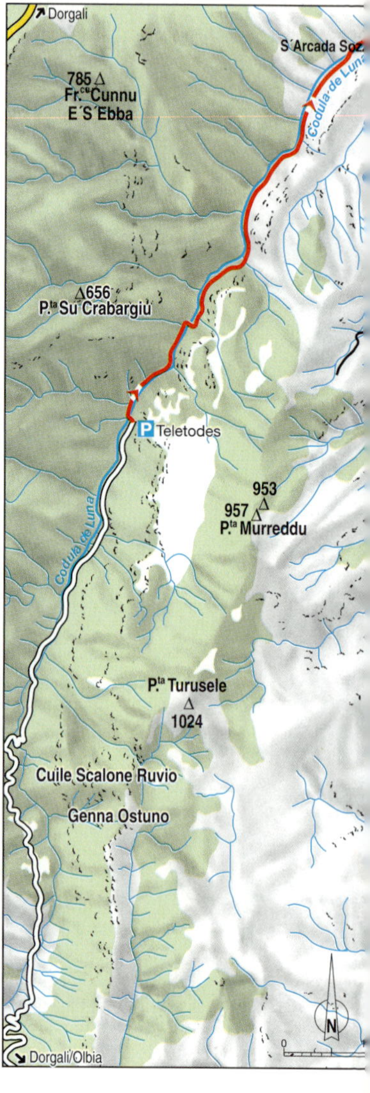

Von **Teletodes** wechseln wir über den Fluß zum linken Ufer. Dort geht es auf einem breiten, deutlichen Pfad weiter, den wir bis zu seinem Ende verfolgen (½ Std.). Über Felsblöcke im Wasser queren wir die Schlucht und gleich noch einen Seitenarm. Wo die Schlucht kein Wasser führt, wandern wir direkt im Flußbett, ansonsten suchen wir uns die bestmöglichen Passagen am Ufer. Rundherum ragen steile Felswände in den bizarrsten Formen in die Höhe – ein Paradies für ambitionierte Fotografen: z.B. **S'Arcada Sozzastru**, ein Torbogen in einer hohen Wand.

Hin und wieder lassen Granitfelsen auf dem Grund der Schlucht das Urgestein ahnen, auf dem die ganze Insel gelagert ist. Die darüberliegenden Kalkmassive wurden aus dem Meer herausgehoben. Viele Seitenarme fallen steil zur Hauptschlucht hinab, und die karstige Landschaft läßt die Höhlensysteme in ihrem Inneren vermuten. Schließlich, nach 5 Std. Wanderung, weitet sich die Schlucht, und wir erreichen das Restaurant. Daran vorbei gelangen wir an die schöne Bucht **Cala Luna**. In regenreichen Jahren muß hier ein Strandsee durchwatet werden. Links befinden sich einige Höhlen, rechts der Bucht geht es auf einer ausgetretenen Pfadspur hinauf zu einem schönen Aussichtspunkt. Große Felsbrocken liegen im tiefblauen Meer. Der Blick auf die weiße Bucht und nach Norden auf den Golf ist immer wieder faszinierend. Der Weiterweg nach **Caletta Fuili** erfolgt wie bei Tour 32 beschrieben.

34 Die Höhle von Tiscali, 513 m

Rundwanderung zu prähistorischen Ausgrabungen im Valle Lanaittu

Grotta sa Oche – Tiscali – Parkplatz

Talorte: Oliena, quirliges Bergdorf westlich des Supramonte. Dorgali, Städtchen an der SS 125 östlich des Massivs.
Ausgangspunkt: Rifugio bei der Grotta sa Oche, 147 m. Auf der Verbindungsstraße zwischen Oliena und Dorgali der Beschilderung »Hotel Su Gologone« folgen. Am Hotel vorbei. Vor der »Sorgente su Gologone« führt eine Straße in das »Valle Lanaittu« (beschildert). Die Straße wird derzeit asphaltiert, möglicherweise ändert sich die Straßenführung. Momentan fährt man rechts hoch, vorbei an einem Kalkbrennofen, ins Lanaittu-Tal. Man bleibt stets auf der breiten Fahrpiste und erreicht dann die Beschilderung »Grotta sa Oche«. Hier rechts und am Rifugio parken.
Gehzeiten: Sa Oche – Tiscali 1½ Std.; zurück 1½ Std.; Gesamtzeit 3 Std.
Höhenunterschied: 368 m.
Anforderungen: Unschwierige Kurzwanderung, die Trittsicherheit voraussetzt. Meist markiert (rot), eine kurze, leichte Kletterpassage über Felsstufen.

Einkehr und Unterkunft: In Dorgali und Oliena/Monte Maccione Bars, Restaurants, Hotels, Agriturismo. Hotel-Restaurant Su Gologone am Tal-Eingang.

Von den fruchtbaren Ebenen im Westen wurde die Urbevölkerung der Insel immer mehr in die unwirtlichen Bergregionen der Barbagia und des Supramonte zurückgedrängt. Ihre letzte Zufluchtsstätte wurde das geschützte, breite Trogtal von Lanaittu. Als Versteck vor der römischen Invasion bauten sie in der Karstdoline von Monte Tiscali ihre Siedlung. Zweifellos birgt das Lanaittu-Tal noch eine Vielzahl an prähistorischen Stätten und Heiligtümern, die die geheimnisvolle alte Kultur der Insel erhellen könnten.
Bevor wir die Wanderung beginnen, machen wir einen Abstecher zu der **Grotta sa Oche** (= die Stimme), die westlich vom Rifugio am Ende des Flußbettes erreicht wird. Nach starken Regenfällen hört man das Geräusch des Wassers, das unterirdisch Richtung Cedrino-Tal fließt. Von der Höhle gehen wir durch das trockene Bachbett talauswärts und bald links den Hang hinauf (Pfadspuren) zu der neuen Ausgrabungsstätte **Sos Carros** (= die Karren). Links am Zaun hoch, kommen wir zu einer Schäferhütte, wo wir um Zutritt zu den Ausgrabungen bitten können. Ein Wasserheiligtum aus Trachyt, diverse Grundmauern ehemaliger Hütten, ein Ofen, eine Kanalisa-

Auf dem Weg zur Höhle von Tiscali im Valle Lanaittu.

tion u.a. wurden hier seit 1989 ausgegraben. Wieder zurück am Parkplatz, gehen wir auf dem Fahrweg zurück bis zur Einmündung in die breite Fahrpiste. Hier nach rechts und bei der nächsten Wegteilung links auf den breiten Weg. An der nächsten Rechtsabzweigung (Tafel »Grotta Helie 's Arias«) bleiben wir links. Nach der Linkskurve, sobald sich die Fahrpiste verflacht, biegen wir scharf nach rechts ab und gehen nun nach Süden. Wir wandern parallel unter den Felswänden des Monte Tiscali leicht aufwärts und treffen auf Markierungen, denen wir nach links hinauf folgen. Oberhalb einer Rinne ist links ein schmaler Felseinschnitt – wir klettern durch diesen Engpaß, den strategisch sicheren Zugang zu der Nuraghensiedlung. Die Markierungen führen, rechts den Hang querend, zur Karstdoline **Sa Curtigia de Tiscali** (nicht zu tief absteigen!). Ein feuchtes Wäldchen, rundum überhängende Felsen und die Reste der Nuraghenbauten erwarten uns. Auf demselben Weg heraus aus der Karstdoline. Wir folgen den Markierungen nach unten in eine grüne Senke. Rechts geht es über die **Scala di Surtana** in das Flumineddu-Tal. Wir wandern an einem Bachbett geradeaus nach Norden, durch ein Holzgatter und erreichen einen Fahrweg. Dem Straßenverlauf nach links folgend, gehen wir auf dem uns bekannten Weg zum Parkplatz zurück.

35 Gola de Gorropu

Gemütlicher Spaziergang zu einer wilden Karstschlucht

Brücke am Riu Flumineddu – Schlucht von Gorropu

Talort: Dorgali, an der SS 125 nahe des Golfo di Orosei.
Ausgangspunkt: Brücke über den Flumineddu, 220 m. Von Dorgali auf der SS 125 nach Süden. 1 km nach dem Tunnel nach Cala Gonone rechts in eine Asphaltstraße einbiegen (beschildert »Hotel Sant 'Elene«). Die Straße schlängelt sich hinab bis zu einer Einmündung. Hier links und noch einige km auf der Asphaltstraße weiter durch das Tal. Nun auf einer Schotterpiste, an einer Rechtsabzweigung vorbei, bis zur Brücke.
Gehzeiten: Brücke – Schlucht 1½ Std.; Rückweg 1 Std.; Gesamtzeit 2½ Std.
Höhenunterschied: 150 m.
Anforderungen: Spaziergang auf breitem, markiertem Weg (grüne Pfeile).
Einkehr und Unterkunft: In Dorgali.
Variante: Trittsichere können die Wanderung in der eindrucksvollen Schlucht fortsetzen: Steil hinab in die Schlucht und zwischen haushohen Oleandern sowie anderen Bäumen rechts am Rand über die Felsen weiter. Schließlich geht man mitten durch die Schlucht, über und zwischen großen Felsblöcken und auf Kies weiter aufwärts. Vorsicht bei Nässe auf den weißen, marmorglatten Felsen! In ca. 400 m Höhe, bei der großen Gumpe, ist endgültig Schluß. Auf demselben Weg zurück zum Hauptweg. Gehzeit 1 Std.

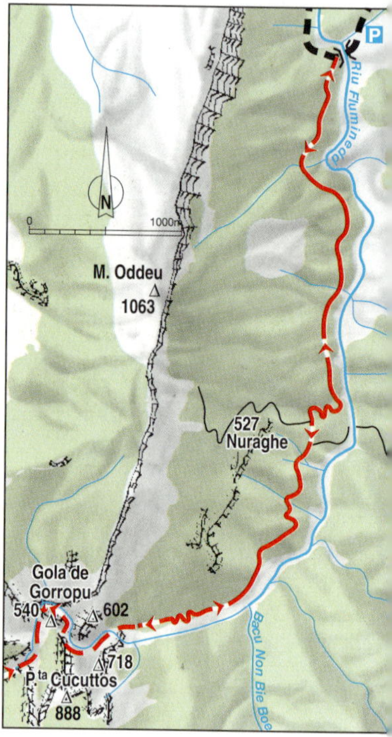

Schon die Aussicht von der SS 125 in die Karstschlucht von Gorropu ist grandios. Doch einmal in der Schlucht zu wandern, ist ein Erlebnis für sich. Eine vollständige Durchquerung kann allerdings nur von erfahrenen Alpinisten und mit technischen Hilfsmitteln durchgeführt werden – in der Regel wird sie von oben nach unten durchquert, wobei abgeseilt wird und in die Gumpen Schlauchboote hinabgelassen werden.
Wir überschreiten den Flumineddu über die Brücke, kurz danach gehen wir nach links weiter. Abwechselnd nahe und weiter oberhalb des rechten Flußufers, gehen wir auf dem markierten Hauptweg talaufwärts. Schließlich

Blick von der SS 125 in die Karstschlucht von Gorropu.

wird der Weg schmaler und schwenkt nach Westen direkt zu den steilen Felsen. In 360 m Höhe endet der Weg. Wir sehen im Osten die SS 125 »Orientale Sarda«, die quer durch die grünen Steilhänge führt, und um uns herum die steilen Wände der Schlucht. Auf demselben Weg zurück.

36 Punta Sos Nidos, 1348 m

Abwechslungsreiche Wanderung im Supramonte von Oliena

Monte Maccione – Scala 'e Pradu – Punta Or Tu Camminu – Punta Sos Nidos – Monte Maccione

Talort: Oliena, an den Westhängen des Massivs.
Ausgangspunkt: Restaurant M. Maccione, 698 m. Von Oliena in Richtung Orgosolo der Beschilderung »località turistica Maccione« folgen und die zementierte, kurvige Straße hinauffahren. Am Ende des Asphalts Parkplätze.
Gehzeiten: M. Maccione – Scala 'e Pradu 1½ Std.; Hochplateau – Punta Or Tu Camminu ½ Std.; Abstieg zum Sos Ortis ½ Std.; Sos Ortis – Sos Nidos ½ Std.; Gipfel – Hochplateau ¾ Std.; Hochplateau – Restaurant 1 Std.; Gesamtzeit 4¾ Std.
Höhenunterschied: 750 m
Anforderungen: Erste Hälfte der Wanderung leicht und bequem auf breiten Wegen. Zweiter Teil weglos, ohne Markierung. Trittsicherheit erforderlich.
Einkehr und Unterkunft: Bar/Restaurant M. Maccione: Zimmer, Lager. In Oliena Bar, Restaurant, Hotel, Agriturismo.
Tip: Das Ristorante M. Maccione wird von der Cooperativa Enis geführt (Tel.: 0784-288363). Für jede Art von Unternehmungen in den Bergen, von leichten botanischen und kulturhistorischen bis zu extremen Schlucht- und Höhlenwanderungen bekommt man hier Informationen oder kann sich geführten Touren anschließen.

Der Supramonte ist ein riesiger Bergstock, ein Kalkmassiv von unglaublicher Vielfalt mit steilen Wänden und weiträumigen Hochplateaus. Er ragt aus der sanften Ebene zwischen Dorgali, Oliena, Orgósolo und Urzulei mehrere hundert Meter auf und ist für Bergbegeisterte ein wahres Paradies.
Vom Parkplatz **Monte Maccione** gehen wir in der Verlängerung der Betonstraße nach rechts (Süden). Die Fahrpiste verlassen wir bei der ersten

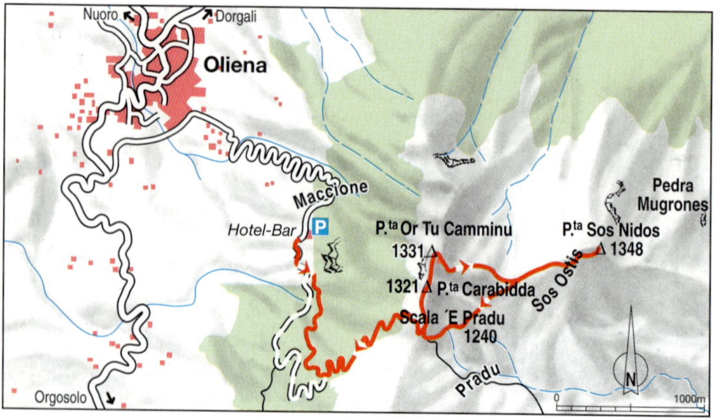

Auf dem Hochplateau gehen wir in östlicher Richtung zur Punta Sos Nidos.

Möglichkeit, nach 600 m, nach links und gehen auf einem alten Waldweg weiter. Nach ½ Std. mündet unser Weg wieder in die Schotterpiste. Wir gehen links und im weiteren Verlauf in Richtung Monte Corrasi (beschildert). Durch einen lichten Wald mit wunderbaren Steineichen kommen wir an einer Schäferhütte vorbei und gewinnen immer mehr an Höhe. Dabei blicken wir hinauf zu den Steilwänden des Monte Corrasi und der Punta Carabidda. Zunehmend öffnet sich auch der Blick nach Westen: Wir sehen die Provinzhauptstadt Nuoro am Fuße des Monte Ortobene auf der einen, Orgósolo und das Gennargentu-Massiv auf der anderen Seite, dazwischen eine fruchtbare Ebene mit einigen Bergdörfern. Schließlich erreichen wir die **Scala 'e Pradu** (ein runder Platz) auf dem Hochplateau des Supramonte. Rechts sehen wir den Monte Corrasi, 1463 m, den höchsten Gipfel des gesamten Massivs, im Osten den Sos Nidos (nido = Nest), früher das Domizil zahlreicher Lämmergeier, und links den Grat, über den wir auf einer nicht immer deutlichen Pfadspur nach Norden hochsteigen. In einem Einschnitt zwischen **Carabidda** und **Or Tu Camminu** blicken wir über eine steile Rinne hinab auf die Dächer von Oliena (Vorsicht!). Von hier steigen wir in die Senke **Sos Ortis** unterhalb von Sos Nidos hinab (1200 m). Die uralten Wacholderbäume, zusammen mit dem karstigen Boden, geben ein pittoreskes Bild ab. Dann steigen wir auf zum **Sos Nidos**. Ein überwältigender Tiefblick nach Osten ist die Belohnung: Das Cedrino-Tal, jenseits davon die Baronie mit dem Monte Tuttavista und dem Monte Albo, sowie Dorgali, das Valle Lanaittu und weite Teile des Supramonte sind zu sehen. Wir kehren in die Senke zurück und peilen in westsüdwestlicher Richtung den runden Platz der Scala 'e Pradu an. Von hier auf dem bekannten Weg zurück zum Restaurant.

37 Monte Corrasi, 1463 m

Überschreitung des höchsten Gipfels des Supramonte

Monte Maccione – Scala 'e Pradu – Monte Corrasi – Scala 'e Marras – Monte Maccione

Talort: Oliena, siehe Tour 36.
Ausgangspunkt: Restaurant M. Maccione, 698 m. Anfahrt siehe Tour 36.
Gehzeiten: M. Maccione – Scala 'e Pradu 1½ Std.; Hochplateau – Monte Corrasi 1½ Std.; Monte Corrasi – Scala 'e Marras ½ Std.; Scala 'e Marras – Parkplatz 2 Std.; Gesamtzeit 5½ Std.
Höhenunterschied: 800 m.
Anforderungen: Bis Scala 'e Pradu und ab den Quellen von Dáddana leicht und eindeutig. Sonst sind Trittsicherheit und Orientierung erforderlich.
Einkehr und Unterkunft: siehe Tour 36.
Bemerkung: Kürzlich hat der WWF Sardinien von einem Gönner, einem Liebhaber des Supramonte, eine Geldsumme geerbt. Zu seinem Gedenken ist eine Markierung der hier beschriebenen Tour vorgesehen. Möglich, daß sich die Wegführung hie und da ändert.

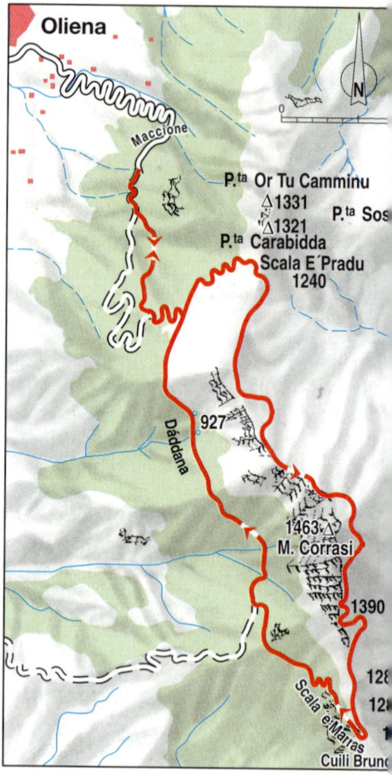

Der Monte Corrasi ist die höchste Erhebung des Supramonte und der zweithöchste Gipfel der Insel – seine Umgebung ist berüchtigt als »Terrain der Hirten und Köhler, der Banditen und Verfolgten«. Taxus und Ilex, Orchideen und Päonien, die Nationalblumen Sardiniens, Mufflons und Steinadler sowie die bizarr gestalteten Karstfelsen sind die Höhepunkte dieser Wanderung.
Wir steigen von M. Maccione, wie bei Tour 36 beschrieben, bis zur Scala 'e Pradu auf. Wir halten uns nun rechts, ungeachtet der Pfadspuren, direkt am Rande des Hochplateaus. Die von Wind und Wetter bizarr geformten »Felsmonumente« und die liebliche Landschaft im Tal kontrastieren herrlich zueinander. Vorbei an den Felsen, wandern wir weiter in südlicher Richtung und erreichen eine geschützte Senke mit mächtigen Eiben und einigen Steineichen – so etwa muß der gesamte Supramonte ausgesehen haben,

Der Supramonte von Oliena – Frühjahrsstürme ziehen über das Massiv.

bevor die Wälder den Axthieben der Köhler zum Opfer fielen. Wir entfernen uns nun vom Grat und gehen nach links. Vor uns sind Felsrippen. Parallel dazu nach oben, peilen wir eine alleinstehende Eibe an. Unterhalb von ihr queren wir nach Osten, dann steigen wir weiter nach Süden auf. Am Plateaurand angekommen, ergibt sich durch einen Felseinschnitt eine wunderbare Aussicht auf Orgosolo und das Gennargentu-Massiv. Im Norden sticht die schneeweiße Kalkkette des Monte Albo hervor – vor Jahrmillionen war er mit dem Supramonte verbunden, heute liegt der riesige Cedrino-Graben dazwischen. In ausreichendem Abstand zum Grat gehen wir nun parallel dazu weiter. Um eine Felsnase und vorbei am Gipfelkreuz, erreichen wir den höchsten Punkt des **Monte Corrasi**, von dem wir einen schönen Rundblick auf den ganzen Supramonte genießen. – Der Abstieg führt über Felsen in südöstlicher Richtung hinab. So kommen wir unterhalb des Hauptkammes, parallel dazu, in eine grüne Senke (einige Eiben). Zwischen Felsmauern geht es weiter, bis sich in einer Höhe von 1390 m wieder ein freier Ausblick auftut. Rechts, in dem grünen Tal, kreist manchmal der Steinadler. Aufgepaßt: Hier nicht zu weit vorlaufen, sondern östlich um einen Felskopf und gleich wieder nach Süden. Weiter bis zu einem deutlichen Pfad. Auf diesem erreichen wir die **Scala 'e Marras** (1280 m). Hier geht es nun auf der Westseite des Massivs zurück nach Norden. Der meist deutliche Pfad führt durch einen flächendeckenden Steineichenwald. Ein Forstweg mündet für einige Meter in unseren Weg ein. Wir halten uns rechts (Norden). Unterhalb der Felstürme des Monte Corrasi, vorbei an den Quellen von Dáddana, erreichen wir die Forststraße und gehen links auf dem uns bekannten Weg zurück.

38 Punta Cusidore, 1147 m

Eldorado der Kletterer

Parkplatz – Scala di Sovana – Grotta Orgoi – Punta Cusidore

Talorte: Dorgali im Osten, Oliena im Westen des Massivs.
Ausgangspunkt: Ende des Fahrweges, 300 m. Auf der Straße zwischen Dorgali und Oliena zur Kapelle »Nostra Signora di Monserrato« abbiegen (beschildert). Nach 30 m die Asphaltstraße nach links verlassen. Auf der Schotterpiste weiter bis zur nächsten Abzweigung, hier rechts. Ungeachtet diverser kleinerer Straßen auf dem breiten Fahrweg weiter. An der nächsten Straßenteilung biegen wir rechts ab (in der Verlängerung eine Allee). An der nächsten Gabelung links. Die Straße steigt an und führt an einem Brunnen vorbei. Schließlich endet sie an einer Toreinfahrt. Rechts auf dem Seitenweg parken.
Gehzeiten: Parkplatz – Geröllrinne 1 Std.; Aufstieg zum Sattel 1 Std.; Sattel – Punta Cusidore ¾ Std.; Abstieg 2¼ Std.; Gesamtzeit 5 Std.
Höhenunterschied: 847 m.
Anforderungen: Der Aufstieg durch die Geröllrinne ist mühsam. Bis zum Sattel ist die Route markiert (rot-weiß). Von den Grotten zum Gipfel einige Kletterpassagen (Schwierigkeitsgrad I-II).

Einkehr und Unterkunft: In Su Gologone Hotel-Restaurant. In Dorgali und Oliena/Maccione Bars, Restaurants, Hotels.

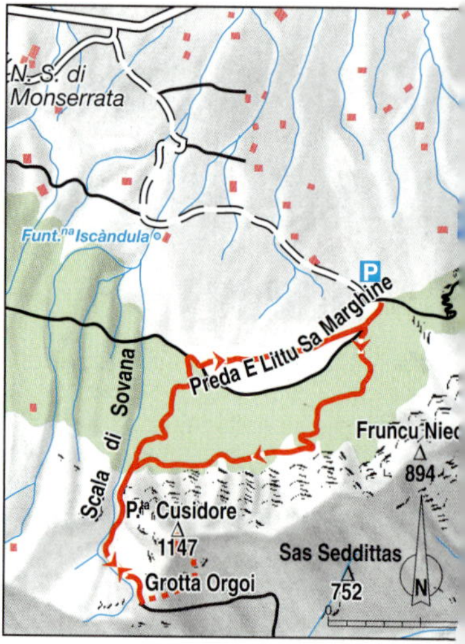

Spätestens hier, beim Anblick der Nordwand der Punta Cusidore, sind alle Vorurteile, in Sardinien gäbe es keine »richtigen Berge«, abgelegt. Wären da nicht das Weideland, die Oliven- und Weingärten im Vordergrund, könnte man meinen, man habe sich in die Pala-Gruppe in den Dolomiten verlaufen. Vom Parkplatz laufen wir auf einem breiten Weg nach Süden auf das Massiv zu. Bald gabelt sich der Weg. Wir gehen rechts und gleich wieder links und finden nach wenigen Schritten die Markierung (rot-weiß, 1 A). Vorbei an einer Rechtsabzweigung schwenkt der Weg nach links und führt später westlich weiter. Dann steigt er in einem Wald an. Aufgepaßt: In 460 m Höhe (im flachen Stück, bevor es abwärts geht) steigen wir links über Geröll den Hang hinauf und treffen auf Pfadspuren. Die Markierungen führen durch den Wald nach Westen, bis zu einer breiten Geröllrinne, in die unser Weg mündet. Diese steile Rinne (**Scala di Sovana**) führt bis zu der markanten Scharte rechts der Punta Cusidore. Von rechts kommt der Weg Nr. 1 herauf (unser

Rückweg). Wir steigen links weiter hinauf bis zu der Gratkante der Punta Cusidore. Tafeln verweisen hier auf diverse Kletterrouten – an dieser Stelle queren wir die Rinne nach rechts. In einem Paralleltal steigen wir dann zum Sattel hinauf und erreichen die Hochfläche. Die Markierungen führen nach Osten in das Lanaittu-Tal hinab. Wir aber gehen links und steigen zu den Südhängen des Monte Cusidore hinauf. An der **Grotta Orgoi** und an einer kleineren Höhle daneben gehen wir nun parallel zu den Felsen in östlicher Richtung und erreichen einen Einschnitt in den Felsen. Von dort auf der linken Seite einer Geröllrinne weiter. Über Platten steigen wir zu einer Baumgruppe nach links hinauf und erreichen über eine Rinne rechts der Bäume den Gipfel der **Punta Cusidore**. – Wir steigen nun wieder auf derselben Route ab, folgen aber in 580 m Höhe der Markierung »Nr. 1« gerade hinab und erreichen bald den großen, auffälligen Felsen, den wir schon bei der Anfahrt gesehen haben (Klettergarten). Auf dem breiten Forstweg rechts (Osten), an einer Einmündung links, zurück zum Ausgangspunkt.

Im Aufstieg durch das Tal westlich der Geröllrinne.

39 Punta Catirina, 1127 m

Steile, weiße Felswände über sanften, grünen Hügeln

Parkplatz – Scharte, 731 m – Punta Catirina – Su Campu 'e Susu – Parkplatz

Talort: Lula, einsames Bergdorf.
Ausgangspunkt: Parkplatz unter der auffälligen Scharte, 559 m. Von Nuoro auf der SS 131 in Richtung Siniscola bis zur Ausfahrt »Lula«. Kurz vor dem Ort nach rechts auf eine Schotterpiste (gelbes Schild »Il Miracolo«). Ab hier 4 km nach Osten. An einer Abzweigung rechts, dann an der Kapelle und weiter unten an einem Bauernhaus vorbei. In einem Linksbogen ist rechts ein Gatter. Hier parken.
Gehzeiten: Parkplatz – Punta Catirina 1¾ Std.; Gipfel – Ovile 930 m 1 Std.; Ovile – Straße ¾ Std.; Straße – Parkplatz ½ Std.; Gesamtzeit 4 Std.
Höhenunterschied: 580 m.
Anforderungen: Kurze Wanderung mit leichter Kletterei (I) zum Gipfel. Nur teilweise deutliche Pfade. Nicht markiert.
Einkehr und Unterkunft: In Lula Bars. In Siniscola Restaurants, Hotels. Am Passo S. Anna Hotel-Restaurant. Agriturismo.

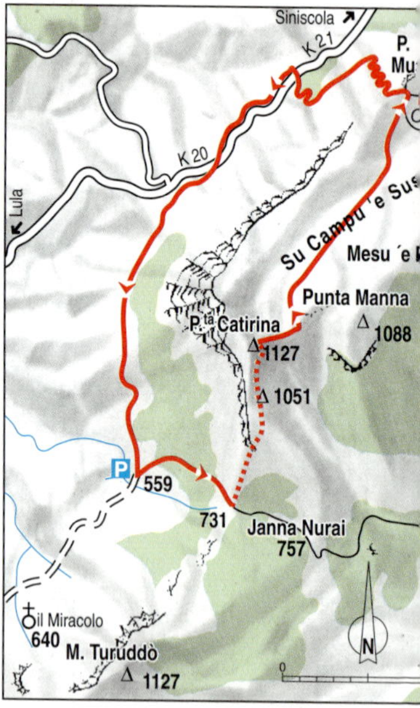

Die Kalkkette des Monte Albo (»Weißer Berg«) erstreckt sich auf einer Länge von etwa 25 km zwischen Siniscola im Nordosten und Lula im Südwesten. Ihre geomorphologische Geschichte hängt eng mit der des Supramonte zusammen.
Vom Parkplatz marschieren wir auf einer breiten »Mulatiera« hinauf zur Scharte Janna Nurai. Hier gehen wir durch ein Gatter und gleich links zu den Felsen. In leichter Kletterei steigen wir an der Kante, teilweise rechts davon, zum Grat hinauf und folgen diesem weiter bis zum höchsten Punkt der **Punta Catirina**. Jenseits der Janna Nurai sehen wir den Monte Turuddò und tief unten Lula. Der Blick bleibt vor allem im Osten am langgezogenen, schier unendlichen Grat des Massivs hängen.
Für den Abstieg orientieren wir uns an den zwei auffälligen, felsenfreien Ebenen, die in nördlicher Richtung unter uns liegen: zunächst vom Gipfelhang östlich hinab, dann in einer Rinne zur ersten Ebene. Wir queren sie nach Nordosten und steigen dann in der nächsten Rinne weiter hinab zu einer Senke. Es folgt ein kurzer Gegenanstieg bis zu einem Ovile (930 m) in

der zweiten Ebene. Aufgepaßt: Nicht in der auffälligen Scharte mit der großen Eiche direkt hinter der Schäfer-Hütte, sondern weiter links ist der Einschnitt, durch den wir die Nordseite des Massivs erreichen. Hier auf dem deutlichen, steinigen Bergpfad und in einigen Serpentinen hinab in den Wald. Auf einem alten Köhlerweg geht es weiter abwärts zu einer Asphaltstraße, auf die wir links abbiegen. Nach etwa 700 m folgen wir der ersten breiten Fahrpiste nach links (anfangs asphaltiert), unterhalb der Steilwände kommen wir zurück zum Parkplatz.

Die Punta Catirina von Westen.

40 Punta Ferulargiu, 1057 m

Gratwanderung am Mittelstück des Monte Albo

Quelle M. Jana – Punta Ferulargiu – Punta sae Mussinu – Cantoniera Janna 'e Rughe

Ausgangspunkt: 1 km nach der Cant. Guzzurra an der Brücke M. Jana, 755 m. Von Siniscola, im Osten, die Straße zum Passo S. Anna (beschildert) hochfahren. Am Paß auf der nicht mehr asphaltierten Straße nach Lula, vorbei an der monumental gefaßten Quelle sa Mela bis Cantoniera Guzzurra (rechts der Straße). Von hier genau 1 km abwärts zur Brücke und entlang der Straße parken.

Gehzeiten: Brücke M. Jana – Punta Ferulargiu 1¾ Std.; Punta Ferulargiu – Punta sae Mussinu 1½ Std.; Punta sae Mussinu – Cant. Janna 'e Rughe 1 Std.; Cant. Janna 'e Rughe – Parkplatz 1¾ Std.; Gesamtzeit 6 Std.

Höhenunterschied: 450 m Aufstieg, 650 m Abstieg.

Anforderungen: Zu Beginn und beim Abstieg deutliche Wege. Bei der Gratbegehung sind weder Weg noch Markierungen vorhanden. Trittsicherheit erforderlich.

Einkehr und Unterkunft: siehe Tour 39.

Bemerkung: Die Strecke zwischen Lula und S. Anna ist sehr wenig befahren, deshalb ist Autostop zurück zum Ausgangspunkt ziemlich hoffnungslos (7 km Straße, davon derzeit 3 km Asphalt).

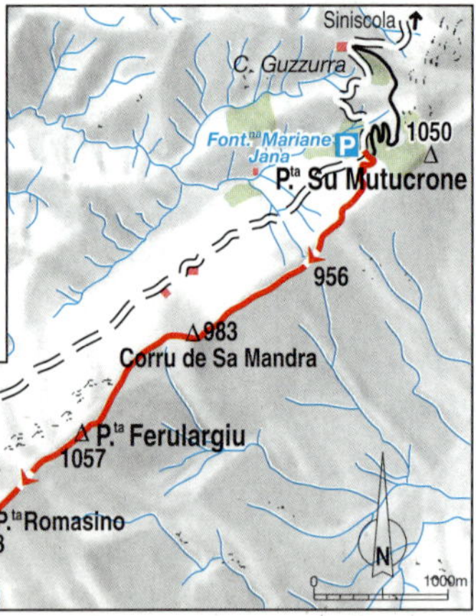

Wenn es einsame Berggegenden gibt, dann auf Sardinien. Die einzigen »Zaungäste« dieser Wanderung sind die Mufflons, Königsadler und Wanderfalken – Menschen aber sieht man kaum.

Wir gehen vom Parkplatz in Fahrtrichtung links hinauf. Der Weg führt durch Wald hinauf zum Gratverlauf, der in 956 m Höhe erreicht ist. Ein Verlaufen ist nun unmöglich, denn wir bleiben in der Folge permanent auf dem Grat und halten unsere südwestliche Richtung bis auf wenige Ausnahmen ein. Vom

Die Punta Ferulargiu, einer der zahlreichen Gipfel in der Monte-Albo-Kette.

Corru de sa Mandra steigen wir am rechten Gratverlauf nach Nordwesten in eine Senke ab. Jetzt auf dem nächsten Rücken zur **Punta Ferulargiu** hinauf. Südlich, jenseits des Cedrino-Grabens, sehen wir das »verwandte« Massiv des Supramonte im Süden. Nach Norden können wir die Monti di Alà und die Gallura erkennen. Die ferne Punta Cupetti im Osten sowie die Punta Catirina und der Monte Turuddò im Südwesten veranschaulichen uns die enorme Ausdehnung unserer Gebirgskette. Bis zur **Punta Romasino** ist kaum ein Höhenunterschied zu überwinden, aber danach müssen wir oft um die steilen Rinnen, die senkrecht nach Norden abfallen, herumgehen (Vorsicht!). Auch die dichte Vegetation zwingt uns teilweise zu Umwegen. Vom deutlichen Rücken der **Punta sae Mussinu** geht es schließlich zu der unter uns liegenden Hochfläche (930 m) hinab, auf der ein typischer Ovile steht. Zwischen ihm und einer alleinstehenden Steineiche setzen wir unsere Wanderung fort und steigen rechts nach Norden zur Straße hinab (siehe Tour 39). Links geht es nach Lula (ca. 10 km), rechts erreichen wir nach einigen Minuten die Cant. Janna 'e Rughe und nach 1½ Std. den Parkplatz.

41 Punta Cupetti, 1029 m

Aussichtswanderung über Siniscola

Funtana Graziano – Fonte su Ulidone – Punta Cupetti

Talort: Siniscola.
Ausgangspunkt: Funtana Graziano, 443 m. Von Siniscola auf der kurvenreichen Straße Richtung Passo S. Anna (beschildert). Ab der Abzweigung 5 km bis zu einer steilen Rechtskehre hinauf. Hier (Hangbefestigung) links abzweigen und weiter hinauf auf der Forststraße. Nach 0,7 km links hinab zur Funtana Graziano (parken).
Gehzeiten: Parkplatz – 2. Quelle 1½ Std.; 2. Quelle – Gipfel 1½ Std.; zurück 2 Std.; Gesamtzeit 5 Std.
Höhenunterschied: 586 m.
Anforderungen: Meist deutliche, markierte Pfade (blau-rote Pfeile).
Einkehr und Unterkunft: In Siniscola Bars, Restaurants, Hotels, Agriturismo.

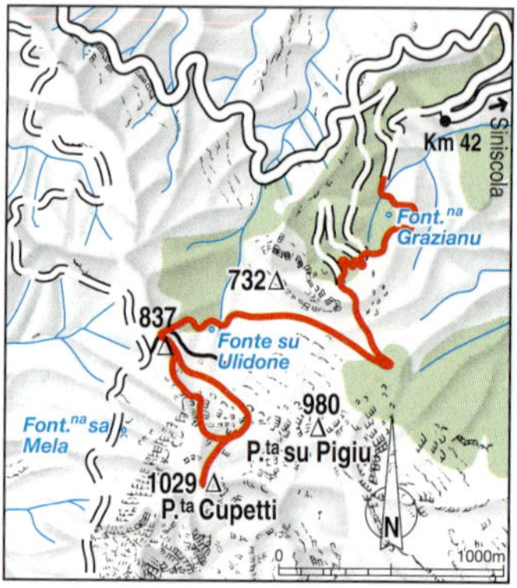

In Karstgebieten wie dem Monte Albo sickert alles Regenwasser durch die kahle, karge Hochfläche und tritt weiter unten an den Hängen wieder zu Tage. Die Bevölkerung weiß das kostbare Naß zu schätzen. Wie in der vorgeschichtlichen Zeit der Nuragher werden die Quellen, denen wir auf dieser Wanderroute begegnen, auch heute noch phantasievoll befestigt oder, Heiligtümern gleich, mit Monumentalbauten umgeben.

Vom Ausgangspunkt sehen wir rechts oben im Wald einen Picknickplatz, zu dem wir hinaufgehen. In der Verlängerung des Weges folgen wir den Markierungen durch den Pinienwald. In 510 m Höhe kommen wir aus dem Wald auf eine Forststraße, auf dieser links weiter. Vor uns erhebt sich die Punta Cupetti mit ihren hohen Felstürmen, links hat man einen wunderbaren Blick zur Ostküste. Zwischen großen Steineichen geht die Forststraße in einen schmalen Pfad über. Aufgepaßt: Kurz danach biegen wir auf einen deutlichen, schmalen Pfad scharf nach rechts ab und finden im weiteren Verlauf wieder die Markierung. Dieser folgen wir über eine Hochfläche bis zu einem schattigen Wald. An einer Viehtränke vorbei (742 m) verlassen wir den breiten Weg und gehen links hinauf zur **Quelle su Ulidone**. Hier verlieren sich Weg und Markierungen. Wir steigen den Hang bis zum oberen Rand des Waldes steil hinauf und finden den Weg mit den Markierungen wieder. Der Weg führt hinauf zu einem Sattel (837 m) – unter uns sehen wir die Schotterpiste nach Lula mit der monumental gefaßten Funtana sa Melu. In der Scharte wenden wir uns nach links und halten uns rechts am Hang

aufwärts, der Markierung in südlicher Richtung zu den Felsen folgend. In einer Felsrinne steigen wir zur Hochfläche hinauf (Ende der Markierungen). Vor uns im Süden sehen wir bereits die **Punta Cupetti** mit dem Kreuz. Zwischen niedrigem Gestrüpp geht es erst in südlicher, dann in östlicher Richtung hinauf zum Gipfel, der uns einen unübertroffenen Tiefblick auf die Buchten, Sinsicola und das Tal, in dem wir aufgestiegen sind, beschert.
Anschließend kehren wir wieder zurück zu der Hochfläche. Bevor wir zu unserer Felsrinne kommen, biegen wir rechts in einen Einschnitt hinab ab. Bald wieder nach links, queren wir den steilen Felshang. Wir wandern in nördlicher Richtung zum Sattel und treffen wieder auf die Zeichen. Nun geht es auf dem bekannten Weg zurück zum Parkplatz.

Ab der Rinne ist der Weg zum Gipfel nicht mehr markiert.

Der Norden

In der nördlichsten Ecke Sardiniens liegt das Städtchen Santa Teresa di Gallura. Von hier scheint Korsika an manchen Tagen zum Greifen nahe. Die beiden Inseln hatten eine gemeinsame geologische Laufbahn, bevor sie auseinanderdrifteten. Zwischen ihnen liegen jetzt viele kleine Inseln. Zu Sardinien gehört der **Maddalena-Archipel** mit sieben Inseln. Die zwei größten sind Maddalena und Caprera. Caprera ist heute noch stolz darauf, daß einer der berühmtesten Söhne Italiens, Giuseppe Garibaldi, viele Jahre dort gelebt hat. Der Granit, der hier in allen Farben schimmert, prägt das Bild der gesamten Küste. So ist das Capo Testa die verzauberte Welt der tausend Steingestalten, San Pantaleo die der tausend Türme und die **Costa Smeralda** die der tausend Buchten. Dieser Küstenabschnitt im Norden von Olbia wurde weitgehend erschlossen, glücklicherweise aber fast immer mit Geschmack. Südlich von Olbia, an der Grenze zwischen den Provinzen Nuoro und Sassari, erhebt sich das Massiv des Monte Nieddu über den schönen Buchten um San Teodoro und der faszinierenden **Isola Tavolara**. Das Hinterland der Costa Smeralda, die **Gallura**, wirkt im Vergleich zur berühmten Küste fast verlassen. Von der jahrhundertealten Tradition der Land- und Weidewirtschaft ist heute kaum mehr etwas zu spüren. Die einzigen Zeugnisse sind die unzähligen langgestreckten, noch bestens erhaltenen Trockenmauern aus dem heimischen Granit. Der dritthöchste Berg der Insel, der Monte Limbara, 1362 m, ist recht alpin. Auch in seiner Umgebung stößt

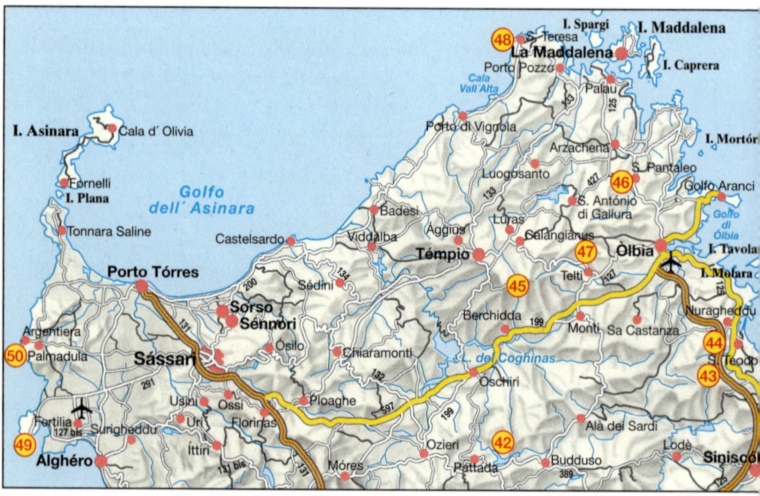

Am Capo d'Orsa, dem Wahrzeichen Sardiniens.

man auf Granit in allen Farbtönen und Maserungen. Er ist die wirtschaftliche Grundlage für diesen Teil der Insel geworden und international begehrt. Eine weitere wichtige Einkommensquelle sind die Korkeichen, die alle zehn Jahre ihre Rinden als Rohmaterial für die Korkindustrie spenden. Davon profitieren insbesondere die Orte Calangianus und Tempio Pausania am Fuße des Monte Limbara. Tempio Pausania ist ein wunderschönes Städtchen – der gesamte alte Kern ist mit dem heimischen Granit verkleidet. Zwischen Olbia und Sassari finden sich auch zahlreiche romanische Kirchen pisanischen Baustils, die an die Herrschaft Pisas über die Insel erinnern. Bis an die Nordküste, entlang der Costa Paradiso und Castelsardo, reichen die Grenzen der Gallura. Die Provinzhauptstadt Sassari und der Fährhafen Porto Torres sorgen in diesem Bereich der Insel für Arbeitsplätze.
Die nordwestliche Ecke Sardiniens wird **Nurra** genannt. Der Name leitet sich von der römischen Stadt »Nure« ab, von der es allerdings keine Spuren mehr gibt. Ins Land gelockt wurden die Römer – wie viele fremde Herren nach ihnen – von den Bodenschätzen. Noch heute liefern stillgelegte Bergwerke und die weitgehend abgeholzten Hügel den Beweis dafür. Im Norden ist die kleine **Isola Asinara** vorgelagert – das Naturschutzgebiet ist leider nur wenigen zugänglich, da dort das Militär das Sagen hat. Im Süden der Nurra liegen die Stadt Alghero und das Naturparadies des **Capo Caccia**. Die karstigen Klippen dort weisen zahlreiche Höhlen auf, deren berühmteste, die Grotta Nettuno, über eine steile Treppe zu erreichen ist. Mit etwas Glück kann man an der Westküste der Nurra den Gänsegeier beobachten. Beinahe ausgerottet, hat er hier seine letzte Zufluchtsstätte gefunden.

42 Monte Lerno, 1093 m

Die südlichste Wanderung in der Gallura

Pattada-Tal – Monte Lerno – Forsthaus – Pattada-Tal

Talort: Pattada am Südfuß des Berges.
Ausgangspunkt: Straße oberhalb von Ponte sa Rughe, 500 m. 10 km östlich von Ozieri auf der SS 389 b liegt Pattada. 1,5 km nach dem Ort ist eine unbeschilderte Abzweigung links zum Lago di Pattada. Bei der nächsten Wegteilung links und über die Brücke Sa Rughe fahren. 0,5 km nach der Brücke ist links ein Tor. An der Straße oder, falls offen, hinter dem Tor parken.
Gehzeiten: Pattada-Tal – Monte Lerno 2 Std.; Monte Lerno – Caserma Forestale 1½ Std.; Caserma – Parkplatz ½ Std.; Gesamtzeit 4 Std.
Höhenunterschied: 593 m.
Anforderungen: Leichte Wanderung, im allgemeinen auf deutlichen Wegen. Verbindungsstück zwischen Badde 's Erighina und Forststraße sowie letztes Stück zum Gipfel auf Pfadspuren nicht deutlich. Keine Markierungen.
Einkehr und Unterkunft: In Pattada/Ozieri Bars, Restaurants, Hotels, Agriturismo.

Gerade noch Teil der Gallura, an der Grenze zum Nuorese gelegen, ist der Monte Lerno weit und breit die einzige Erhebung in der schier endlos flachen Granitlandschaft der Montagna di Alà. Er erhebt sich im Norden der Ortschaft Pattada und wird sichelförmig von dem gleichnamigen Stausee eingerahmt. Hinter dem Tor gehen wir eine zementierte Straße bergauf. In 650 m Höhe geht die Straße in eine Schotterpiste über und endet bald darauf. Pfadspuren führen nun im bewaldeten Hang schräg nach links (Nordwesten) hinauf.

Blick auf den Lago di Pattada.

Oberhalb des **Erighina-Tales** wandern wir auf einem steilen, bewaldeten Bergrücken in nordöstlicher Richtung hinauf und erreichen in etwa 900 m Höhe eine Forststraße. Dieser folgen wir nach links und kommen in eine Lichtung – aus dem dichten Grün des Badde 's Erighina-Tales ragen bereits die Südausläufer des Monte Lerno heraus, tief unten im Tal sehen wir den Stausee und Pattada. Mit Blick auf den Monte Limbara geht es weiter auf dem Hauptweg nach Norden. In der Verlängerung unseres Weges sehen wir nun auch eine gefaßte Quelle, die **Funtana Rodè**. Bevor wir zu dieser Quelle absteigen, gehen wir rechts zur Kammregion des Monte Lerno und peilen die Scharte zwischen den beiden letzten Türmen (links) dieser Kette an. Auf Pfadspuren gehen wir durch die Scharte und sehen nun die Antennen hinter dem höchsten Punkt. Wir gehen rechts um den höchsten Punkt des **Monte Lerno** bis zu einer Trockenmauer und an dieser entlang nach rechts (Süden). Wo die Trockenmauer durch Felsen unterbrochen ist, klettern wir darüber und gehen in nördlicher Richtung zurück. Die Aussicht zum Monte Albo und zum Supramonte ist großartig. Wir kommen nun rechts an den Antennen vorbei und erreichen die Schotterpiste, auf der unser Abstiegsweg beginnt. Ein Tor wird passiert. In einer Senke (990 m) sehen wir rechts des Weges ein kleines Häuschen – bevor wir es erreichen, noch in der Senke, biegen wir nach rechts ab und gelangen auf einen breiten Weg. Er gabelt sich bald. Rechts geht er zu einer Viehtränke. Wir steigen links auf einem ehemaligen, inzwischen wieder freigeschlagenen Köhlerweg bis zum alten **Forsthaus** ab. Daran vorbei kommen wir auf einen befestigten Weg, der links über den Fluß führt. Rechts auf der Straße, am Fluß entlang, laufen wir zum Tor des Forstareals. Auf der asphaltierten Straße erreichen wir nach 2,5 km den Parkplatz.

43 Monte Maggiore, 970 m

Der Hausberg von San Teodoro

Forsthaus Stazzi Petrisconi – Punta Maggiore

Talort: Budditorgiu südlich von San Teodoro.
Ausgangspunkt: Forsthaus Stazzi Petrisconi, 357 m. Auf der SS 125 von Olbia nach Süden. Kurz nach San Teodoro, nach dem Ortsschild »Budditorgiu«, rechts abbiegen. Bei der Weggabelung rechts und nach Westen unter der Autobahn durch (links eine Quelle). Den Berg hinauf und hinab über die Brücke. Nun am Fluß auf der Schotterpiste weiter bis zur Toreinfahrt des Monte-Nieddu-Forstes. Dahinter auf dem Hauptweg zum *neuen* Forsthaus (links in einer Senke!). Hier melden.
Gehzeiten: Stazzi Petrisconi – Sattel 1½ Std.; Sattel – Gipfel 1 Std.; Rückweg 2 Std.; Gesamtzeit 4½ Std.
Höhenunterschied: 613 m.
Anforderungen: Leichte Wanderung. Bis zum Sattel auf Forststraßen, dann in teilweise unwegsamem Gelände zum Gipfel. Nicht markiert.
Einkehr und Unterkunft: In San Teodoro und Umgebung Bars, Restaurants, Hotels.

Bemerkung: Die Wanderung ist auch für Mountain-Bikes geeignet.

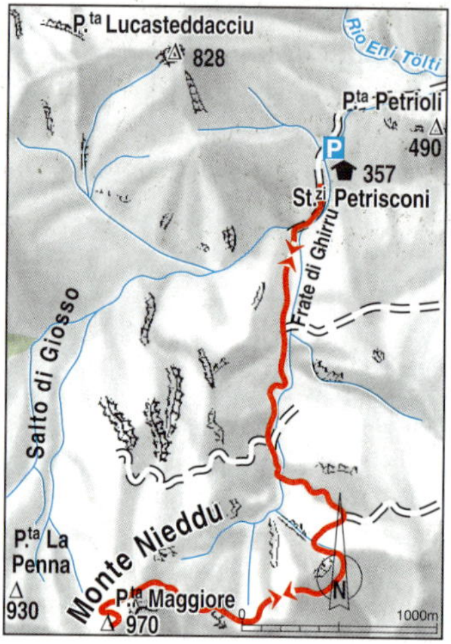

Von den Stränden nahe bei San Teodoro scheint der knapp tausend Meter hohe Monte Maggiore (»der große Berg«) zum Greifen nahe. Er reckt seinen Kopf über alle umliegenden Berge und eröffnet dem Wanderer aufgrund seiner isolierten Lage einen großartigen Ausblick in alle Himmelsrichtungen.
Vom **Forsthaus** folgen wir der Schotterstraße in südlicher Richtung. Links begleitet uns eine wunderbare Felslandschaft. Wir queren einen Bach. Die folgenden Abzweigungen kommen in einem Abstand von je ca. 1 km: wir gehen die 1. rechts, die 2. nach links, bei der 3. wieder rechts. Der Straßenzustand verschlechtert sich. Nun steigt der Weg steiler an und endet an einem Zaun in einer Scharte. Von hier sehen wir in das nächste Tal. Wir gehen nun rechts (westlich) in einer breiten Feuerschneise, parallel zum Zaun weiter und gewinnen rasch an Höhe. An der Küste erkennen wir die schöne Bucht von San Teodoro, nördlich davon La Tavolara und die Isola Molara. Allmählich wird die Schneise felsiger. Sobald der Weg flacher wird, klettern wir an geeigneter Stelle (mühsam, keine Lücke!) über den Zaun und

gehen nach links. Wir steigen weglos im Hang hinauf und peilen dabei einen Sattel an, der zwischen zwei markanten Felsen liegt (auf den Felsen je ein alleinstehender Baum). Vom Sattel gehen wir in südwestlicher Richtung um den **Monte Maggiore** herum und steigen über seinen Westrücken zum Gipfelkreuz auf. Olbia und die gesamte Gallura sind im Norden zu sehen, gegenüber erhebt sich der Monte Albo.

Der alleinstehende »große Berg« des Nieddu-Massivs bietet einen herrlichen Rundblick.

44 Punta Palemonti, 615 m

Monte Nieddu, der »Schwarze Berg« mit der goldenen Aussicht

Budditorgiu – Casa Caccia Nova – Punta Palemonti

Talort: Budditorgiu, südlich von San Teodoro, im Osten des Massivs.
Ausgangspunkt: Parkplatz oberhalb der Quelle von Budditorgiu, 90 m. Auf der SS 125 von Olbia nach Süden. Kurz nach San Teodoro, nach dem Ortsschild, in »Budditorgiu« rechts abbiegen. Bei der Weggabelung rechts und nach Westen unter der Autobahn durch (links die Quelle). Den Berg hinauf und rechts am Ende des Asphalts parken.
Gehzeiten: Quelle Budditorgiu – Park-Eingang 1½ Std.; Park-Eingang – Punta Palemonti 1 Std.; Belvedere – Parkplatz 1½ Std.; Gesamtzeit 4 Std.
Höhenunterschied: 625 m.
Anforderungen: Spaziergang, durchgehend auf Forststraßen. Nicht markiert.
Einkehr und Unterkunft: In San Teodoro und Umgebung Bars, Restaurants, Hotels.
Bemerkung: Die Wanderung bietet sich auch für Mountain-Biker an.

Das Granitmassiv des Monte Nieddu liegt an der Grenze zur Provinz Sassari, noch im Forstverwaltungs-Bereich von Nuoro. Bis vor kurzem noch absolut vernachlässigt, sind die Belange des Parkes von einer privaten Forstinitiative übernommen worden. Sie beseitigt nun die durch die Kahlschläge des letzten Jahrhunderts entstandenen Narben. Die Forststraßen und Feuerschneisen haben zwar die alten Wege in Vergessenheit gebracht, dafür aber ist ein schönes Streckennetz für Mountain-Bike-Unternehmungen entstanden.
Vom Parkplatz gehen wir hinab zum **Riu Caccia Nova** und über die Brücke zum rechten Ufer. Nach der Einmündung eines Nebenflusses, den wir von oben sehen, kommen wir an der **Casa Caccia Nova** vorbei, einem Ovile rechts des Weges. In einer Wegbiegung queren wir wieder den Fluß. Nun steigt der Weg an. In einigen Kurven wurde die steile Forststraße befestigt. Nach den Serpentinen kommen wir an ein Eisentor und betreten den Forstbereich. Dahinter wandern wir zunächst geradeaus, halten uns aber bei der ersten Abzweigung nach rechts. Vorbei an einem **Teich** für Feuerlöschzwecke und an einer Abzweigung zur Punta Lu Castedacciu (beide links)

Leichte Wege führen zum Belvedere. Im Hintergrund die Insel Tavolara.

steigt der Weg wieder an und erreicht alsbald den Belvedere auf der Punta Palemonti. Der Rundblick ist wahrlich lohnend: Im Süden sehen wird den Monte Maggiore, die höchste Erhebung des Massivs. Im Osten und im Norden erstreckt sich die Küste – die schöne Bucht von San Teodoro und die Isola La Tavolara stechen besonders hervor.
Wir kehren auf demselben Weg zurück. Unterwegs lohnt sich ein Abstecher zum Forsthaus Stazzi Petrisconi (Tour 43), von wo ein kleiner Naturlehrpfad zu einer schönen Schlucht abzweigt.

45 Monte Limbara, 1359 m

Kuppeln und Dome aus Granit, Monumente der Urzeit

Toreinfahrt Forsthaus – Passo Diliconchi – Grotten – Punta Balistreri

Talorte: Tempio Pausania oder Calangianus, westlich von Ólbia.

Ausgangspunkt: Toreinfahrt des Forsthauses, 643 m. Von Ólbia auf der SS 127 kommend, bei km 30.III, ca. 7 km vor Calangianus ist links eine verfallene ehemalige Bahnstation. Kurz danach, zwischen zwei großen Granitsteinen abbiegen. Auf der Schotterstraße, vorbei an einer Linksabzweigung, ca. 1 km bis zum Eisentor des Forsthauses. Längs der Straße parken.

Gehzeiten: Parkplatz – Grotten 2 Std.; Grotten – Scharte 1280 m 2 Std.; Rückweg 3 Std.; Gesamtzeit 7 Std.

Höhenunterschied: 940 m.

Anforderungen: Leichte Wanderung auf deutlichen, aber nicht markierten Wegen.

Einkehr und Unterkunft: In Tempio Pausania Hotels und Restaurants. Busverbindung von Ólbia, Zugverbindung von Palau (Trenino Verde).

Das Granitmassiv des Monte Limbara erhebt sich inmitten der weitläufigen Korkeichenwälder der Gallura. Es ist mit 1362 m das dritthöchste Massiv der Insel, nach dem Gennargentu und dem Supramonte.

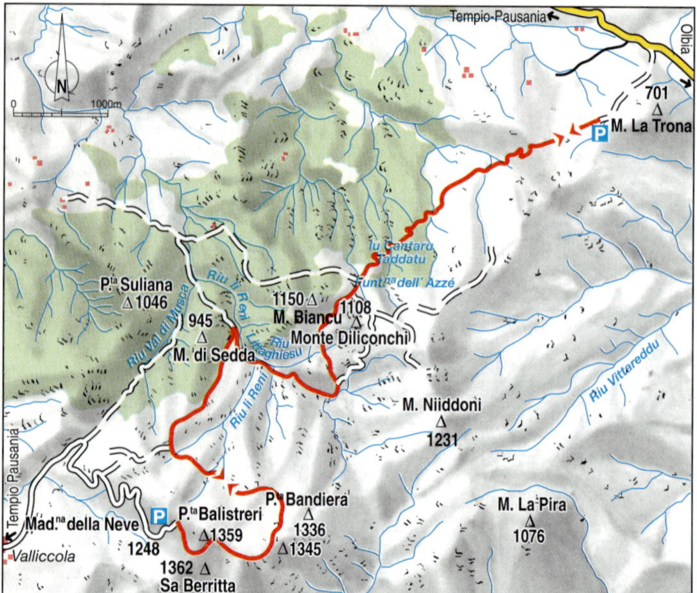

Blick von Norden auf den Monte Limbara.

Vom Parkplatz geht es in westlicher Richtung, am Eisentor vorbei, auf einem deutlichen Weg hinauf. In 709 m Höhe führt der Weg in eine Senke hinab (630 m). Wir passieren phantastisch anmutenden Granitformationen und wandern über mehrere Bäche, vorbei an einer Rechtsabzweigung bis zu den Felsen des **Monte Biancu** hinauf. Hier mündet unser Weg in eine Fahrpiste (950 m). Wir gehen nach links und folgen dem Hauptweg in wenigen Kehren zum **Passo Diliconchi** (1000 m), zwischen dem gleichnamigen Felsgipfel und dem Monte Biancu. Abgesehen von der Punta Balistreri, die mit Militär- und RAI-Anlagen übersät ist, präsentiert sich hier eine sehenswerte Felslandschaft. Wir steigen ab zu den Grotten, die mit Trockenmauern zu Ovilen umgerüstet wurden. Danach (vorbei an den Grotten) passieren wir ein Tor, links dahinter ist eine gefaßte Quelle. Kurz danach halten wir uns an einer Weggabelung nach rechts. Über den **Riu Litaghiesu** und durch ein weiteres Tor erreichen wir wieder eine Abzweigung – hier links. In 1070 m Höhe halten wir uns an einer Weggabelung abermals links und wandern nun parallel zum **Litaghiesu-Tal** in südlicher Richtung, mit schönem Ausblick Richtung Meer sowie auf den Maddalena-Archipel und die Insel Korsika. Im weiteren Verlauf endet die Schotterpiste an den Anlagen der **Punta Balistreri**, dem zweithöchsten Punkt des Monte Limbara, und an der Asphaltstraße, die nach Tempio Pausania führt.

46 Die Türme von San Pantaleo

Hochaufragende Granittürme und herb duftende Macchia

San Pantaleo – Stazzo Manzoni – Punta Lufraili

Ausgangspunkt: San Pantaleo, 166 m. 10 km südlich von Arzachena und 20 km nördlich von Olbia, auf der Ortsdurchfahrtsstraße am Ostrand der Ortschaft parken. Busverbindung täglich.
Gehzeiten: San Pantaleo – Aussichtspunkt 1½ Std.; zurück 1½ Std.; Gesamtzeit 3 Std.
Höhenunterschied: 450 m.
Anforderungen: Leichte Wanderung auf deutlichem Pfad, jedoch nicht markiert.
Einkehr und Unterkunft: In San Pantaleo Bars, Restaurants, Hotels.

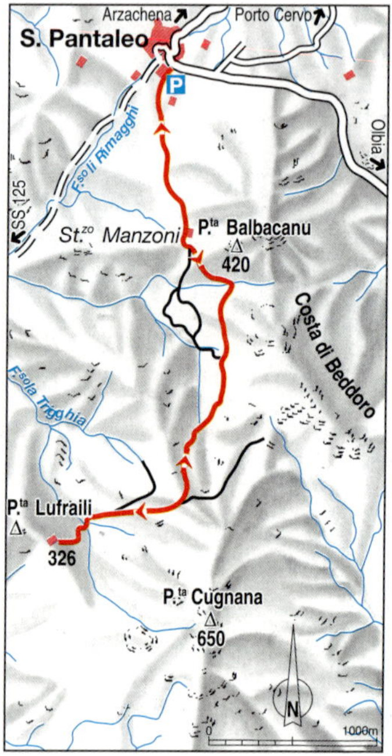

Ichnus, der Fußstapfen, mit dem der Herrgott Sardinien erschaffen haben soll, scheint die Gallura nicht getroffen zu haben. Alles andere als eben, besticht die Granitlandschaft mit ihrer schier unerschöpflichen Farben- und Formenvielfalt. Trotz ihrer unbedeutenden Höhe wirken die Granittürme von San Pantaleo wie ein mächtiges Gebirge.

Von Olbia kommend, folgen wir vor einer auffälligen Straßenbiegung (Schilder »Arzachena – Olbia«) der ersten Straße nach links und bleiben auf dem Asphalt, bis er endet. Weiter auf einem schmalen Fahrweg bis zu einem Gatter – links steht ein Häuschen, **Stazzo Manzoni** (stazzo = Rastplatz). Hinter dem Gatter gehen wir geradeaus weiter, halten uns an einer Abzweigung links und laufen kurzzeitig direkt auf das Massiv zu. Unterhalb der markanten **Punta Balbacanu** schwenkt der Weg wieder nach rechts (Süden) und verläuft nun parallel zur **Costa di Beddoro** – ein Eldorado für Sportkletterer, doch nur wenige verlaufen sich hierher. Zwischen dichter Macchia (Zistrosen, Lavendel und Rosmarin, Baumheide, Wacholder und Erdbeerbäumen) geht es entlang der Türme allmählich bergauf. Im weiteren Verlauf kommen wir durch einen schattigen Wald auf eine Anhöhe (400 m) – hier rechts weiter. Für den Rückweg müssen wir uns den Routenverlauf gut einprägen. Über einige

Stufen steigen wir nun hinab in eine Senke und queren über eine kleine Steinbrücke einen Bach. Dann geht es wieder hinauf, bis wir in 326 m Höhe auf eine kleine Hütte in einer Lichtung treffen. Hier finden wir ein lauschiges Plätzchen zur Rast. Der Blick auf die Türme ist mittlerweile um die schönste Seite der **Punta Cugnana** erweitert worden. Sie ist mit 650 m der höchste Gipfel der langen Reihe. Auf demselben Weg zurück (aufgepaßt: nach der kleinen Brücke nicht vom Hauptweg abkommen!).

Vom Rastplatz an der Hütte sehen wir die Punta Cugnana (links).

47 Monte Pino, 742 m

Aussichtsbalkon über der Costa Smeralda

Parkplatz – Panoramaweg – Monte Pino – Forsthaus – Parkplatz

Talort: Telti, kleines ruhiges Dorf im Süden des Berges.
Ausgangspunkt: Toreinfahrt des Monte-Pino-Forstes, 400 m. Von Ólbia auf der neuen Verbindungsstraße über Priatu Richtung Tempio Pausania bis zu der Straßengabelung. Hier rechts Richtung Tempio Pausania. Kurz nach der Abzweigung die zweite Schotterstraße nach rechts hinauf (beschildert »Rist. Angelo&Archangela«). An einer Einmündung nach links, erreicht man nach 0,6 km ab Beginn der Schotterstraße rechts eine Abzweigung (grünes Eisentor). Hier parken.
Gehzeiten: Parkplatz – Panoramastraße 1 Std.; Panoramastraße – Monte Pino 1 Std.; Monte Pino – Forsthaus ¾ Std.; Forsthaus – Parkplatz ¾ Std. Gesamtzeit 3½ Std.
Höhenunterschied: 350 m.
Anforderungen: Spaziergang auf breiten, deutlichen Forststraßen.
Einkehr und Unterkunft: In Ólbia, Tempio Pausania, Sant'Antonio di Gallura und Priatu Bars, Restaurants, Hotels.
Tip: Diese Wanderung ist auch gut für Mountain-Biker geeignet.

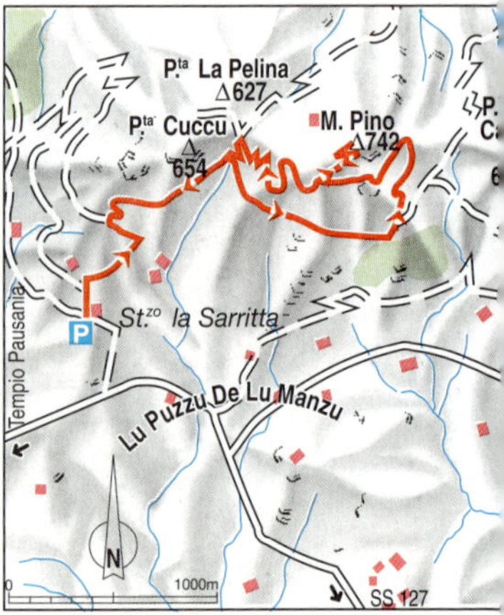

Die Costa Smeralda, im Winter ruhig und verschlafen, verwandelt sich im Sommer in einen übervölkerten Küstenstreifen mit allen Begleiterscheinungen des Elite-Tourismus. Die Bevölkerung steigt in dieser Zeit bis auf das Zwanzigfache, doch im Landesinnern sagen sich Fuchs und Hase Gute Nacht.

Wir gehen durch das Tor in nördlicher Richtung. Vorbei an zwei Abzweigungen, an einer Verkehrsinsel rechts haltend, steigt die Straße an. Im Süden sehen wir den Monte Limbara mit seinem granitenen Gipfelkranz und den Antennen. Bei der nächsten Abzweigung gehen wir wieder rechts. Nach kurzer Zeit erreichen wir die **Panoramastraße** bei einem markanten Felsturm (618 m). Hier erleben wir eine atemberaubende Szenerie: im Osten die Küste südlich von Ólbia, im Süden schweift der Blick über den Monte Nieddu und die Baronie hinweg bis zum Supramonte. Bei der folgenden Abzweigung gehen wir links, durch einen schattigen Wald bergauf. An der nächsten Einmündung ist ein Schild: »Punta Casteddu« – hier kommen wir auf dem Rückweg wieder vorbei. Wir halten uns nach rechts und kurz vor dem

höchsten Punkt steigen wir links über eine Treppe zur Aussichtsplattform des **Monte Pino** auf. Die Großstadt Ólbia liegt zu unseren Füßen, nördlich davon die »Smaragdküste«. Im Norden, über Arzachena hinweg, sehen wir die Maddalena-Inselgruppe und die Insel Korsika. Wahrlich: Ohne seine Antennen wäre der Monte Pino ein 5-Sterne-Gipfel.
Wir kehren nun auf dem bekannten Weg zu der beschilderten Abzweigung zurück und wandern geradeaus weiter bis zum Forsthaus – unterwegs zweigen sternförmig Straßen zu diversen Quellen ab. Am Rifugio vorbei, gehen wir erst links und an der nächsten Abzweigung geradeaus. Nun marschieren wir auf dem Hinweg zurück zum Ausgangspunkt.

Abendstimmung im Hinterland der Costa Smeralda – links im Bild der Monte Pino.

48 Umrundung des Capo Testa

Rundwanderung von Bucht zu Bucht

Isthmus – Leuchtturm – 1.-5. Bucht – Valle di Luna – 6.-10. Bucht – Isthmus

Talort: Santa Teresa di Gallura, an der Nordspitze der Insel.
Ausgangspunkt: Landenge vor der Halbinsel. Von Olbia auf der SS 125 und der SS 133 nach Santa Teresa di Gallura und weiter zum Capo Testa (beschildert). An der engsten Stelle des Isthmus sind rechts und links Parkplätze.
Gehzeit: 4 Std.
Anforderungen: Beschauliche Wanderung, teilweise mit leichten Klettereien verbunden. Keine Markierungen und größtenteils weglos.
Einkehr und Unterkunft: In Santa Teresa di Gallura und entlang der gesamten Küste Bars, Restaurants, Hotels.
Bemerkung: Es besteht die Möglichkeit, die Wanderung im »Valle di Luna« abzubrechen oder dort zu starten. Badesachen nicht vergessen!

Diese Wanderung am Capo Testa, der Nordspitze der Insel, führt an zehn Buchten vorbei und umrundet dabei einmal die Halbinsel. Immer wieder laden herrliche Strände zum Baden ein, granitene Felsgruppen in Rosa-, Gelb-, Grau- und Weißtönen begleiten uns ebenso wie die nuancenreichen Blautöne des Meeres. Dazwischen blühen Meeresnarzissen, Zwergiris und Mittagsblumen zuhauf. Hin und wieder ziehen Fischkutter mit Möwen im Schlepptau an den Buchten vorbei, zwischen den Klippen tauchen die Einheimischen nach Meeresfrüchten.

1

2

3

Vom Parkplatz steuern wir zunächst
die Ortschaft an, durchqueren diese
und gehen auf der Asphaltstraße bis
an deren Ende vor einem Tor. Dort
sehen wir den militärisch gesicher-
ten Leuchtturm. Das Eisentor steht
in der Regel aber offen. Wir passie-
ren das Tor und wenden uns nach
rechts. Nun wandern wir entlang der
Cala Spinosa. Vorbei an einer
Pfadspur zur Linken, erreichen wir
eine Kuppe und sehen im Norden
die Insel Korsika mit den Klippen
4 von Bonifacio. Hier gehen wir links.
Drei Generationen von Leuchttür-
men stehen hier auf den Felsen:
links der neue, der alte und rechts
ein verfallener Turm, zu dem wir
über eine Treppe hinaufsteigen kön-
nen.

Zwischen den Leuchttürmen gehen
wir durch eine Senke hinab zur
1. Bucht. Kurz vor dem Strand se-
hen wir links ein Tälchen, das rechts
vom alten Leuchtturm hinabführt
und steigen hier hinauf. Oben ange-
kommen, sehen wir die *2. Bucht*. Ein
bizarres Felsgebilde, wie ein Stein-
5 zeit-Beil, ragt hier empor.

Wir steigen nach links hinunter und
queren eine Senke. Hinter einem
kleinen Häuschen verläuft eine
Trockenmauer. Wir gehen durch
eine Lücke, halten uns rechts, que-
ren den Hang in gleicher Höhe, klet-
tern über Felsblöcke und kommen
oberhalb der *3. Bucht* an.

Direkt vor uns baut sich ein großer
Granitblock mit einem Arkadenbo-
gen auf. Unter ihm (nicht sichtbar)
ist ein anderer Block mit ähnlichem
Durchbruch. In der untersten »Eta-
6 ge« schlüpfen wir durch. Gegenüber

steht ein hoher Fels mit einer Baumkrone obenauf, um uns herum phantastische Felsgestalten. Manche Blöcke wurden von den Naturgewalten mit Ornamenten verziert. Es lohnt sich auch der Blick zurück!
Weiter auf den bizarren, bewachsenen Felsen zu, der einsam auf einer grünen Fläche steht, die sich in die *4. Bucht* hinausschiebt. Wenigstens über einige Stufen können wir dort hinaufklettern und so die Umgebung besser überblicken. Wir gehen an ihm vorbei, in südlicher Richtung über ein flaches Stück und klettern gegenüber zum nächsten Rücken hinauf. Hier wird der Blick auf das **Valle di Luna**, das Mondtal, frei (auf dem deutlichen Pfad im Tal kann man die Rundwanderung abbrechen und nach Osten zum Ausgangspunkt zurücklaufen).
Unter uns liegt die »**Indianerbucht**«, die *5. Bucht*. Im Hintergrund sehen wir in die steilen Felswände der **Parete della Luna**.
Wir steigen hinab, peilen die Felswände an und kommen oberhalb der *6. Bucht* heraus. Wenn wir nach rechts den bewachsenen Rücken hinaufsteigen, ergibt sich ein berauschender Tiefblick auf die smaragdgrüne Bucht. Wieder hinab, wandern wir um die Bucht herum zu den Felswänden. Hier sind die Höhlen-Behausungen der »Blumenkinder«, die das Capo Testa in der wärmeren Jahreszeit bevölkern.
Am Fuß der Felsen (zahlreiche gebohrte Kletterrouten) wenden wir uns nach rechts der *7. Bucht* zu.
Darüber befindet sich ein großes Tal, in das wir aufsteigen. Zunächst

7

8

9

bleiben wir in der Mitte. Weiter oben nehmen wir dann den rechten Seitenarm. Über Blöcke (nicht zu weit rechts!) steigen wir in den Sattel. Auf der anderen Seite erschwert dichte Macchia den Abstieg. Auf verwitterten Klippen überqueren wir die *8. Bucht*. Rechts sehen wir die weitläufigen Strände der Nordküste Sardiniens.

Die *9. Bucht* ist wieder felsig. Viele kleine Inseln schauen aus dem azurblauen Wasser. Wir überqueren
10 eine Felsrippe, möglichst in ihrem unteren Teil (Vorsicht: kaum Griffe!). Unsere Marschrichtung wendet sich immer mehr nach Osten und Norden, und die Formen werden sanfter. Die letzte, die *10. Bucht*, liegt vor uns: **La Colba** – eine riesige Bucht mit allen Blautönen dieser Welt! Dahinter die Landenge. Wir gehen auf dem breiten Weg zwischen Villen dorthin zurück.

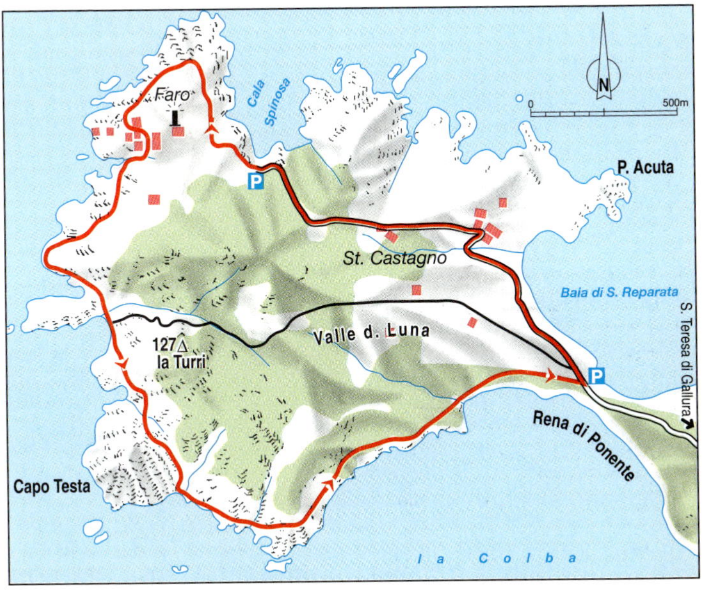

49 Torre della Pegna, 271 m

Abwechslungsreiche Klippenwanderung am Capo Caccia

Parkplatz – Punta Malrepos – Torre della Pegna

Talort: Alghero im Osten des Kaps.
Ausgangspunkt: Parkplatz bei der Grotte »Gea«. Von Alghero über die SS 127 Richtung Porto Conte und Capo Caccia. Vorbei an der Ferienanlage »Tramariglio«. Noch vor Capo Caccia eine Asphaltstraße nach rechts hinauf. Hier parken.
Gehzeiten: Abstecher zum Semaforo und zurück ¾ Std.; Parkplatz – Punta Malrepos ½ Std.; Malrepos – Torre della Pegna 1 Std.; zurück 1 Std.; Gesamtzeit: 3¼ Std.
Höhenunterschied: 400 m.
Anforderungen: Leichte Klippenwanderung, jedoch ohne Markierung. Teilweise weglos.
Einkehr und Unterkunft: In Alghero und Umgebung Bars, Restaurants, Hotels.

Während nur wenige Kilometer nördlich karge, abgeholzte Flächen das Landschaftsbild bestimmen, besitzt das Capo Caccia einen beachtlichen Waldbestand. Er wurde größtenteils mit Pinien aufgeforstet und hat sich zu einem gesunden Biotop entwickelt. Das zeigen auch die zahlreichen Vogelarten, die hier einen Lebensraum gefunden haben.
Vom Parkplatz machen wir zunächst einen Abstecher nach Süden zum **Semaforo**. Wir steigen teilweise auf Pfadspuren den Hangrücken hinauf. Auf der gesamten Strecke ergeben sich phantastische Ausblicke auf die steilen Klippen und auf die Insel Foradada (= gelocht). Im Norden sehen wir den Verlauf des zweiten Teiles unserer Wanderung.
Zurück am Parkplatz, steigen wir in die entgegengesetzte Richtung (Norden) auf und nähern uns auf Trampelpfaden dem Klippenrand. Bei der Bucht **Cala d'Inferno** halten wir uns rechts, hinauf zum markanten Felskopf **Malrepos**.

Auf dem Gipfel steht ein mittelalterlicher Turm.

Vom Felskopf steigen wir in die Senke unter uns ab und auf der anderen Seite, über Felsen diagonal nach rechts (Norden) hinauf. Durch Macchia erreichen wir den Klippenrand, an dem eine ausgetretene Spur entlangführt (Vorsicht!). Türme, Rinnen und steile Hänge wechseln sich ab. Auffallend ist der bizarre Turm von **Terra Ruia**. Achtung: Den Rückweg gut einprägen! Für das letzte Stück zum **Torre della Pegna** entfernen wir uns etwas vom Klippenrand, queren den Hang auf gleichbleibender Höhe und gehen dann auf dem südlichen Rücken zu ihm hinauf. Unmittelbar am Klippenrand stehen ein mittelalterlicher Turm und eine Konstruktion aus der Kriegszeit. Der Blick nach Süden über den ruhigen Golf von Porto Conte und seine sanfte Umgebung ist ein echter Kontrast zu unserer wilden Klippentour.

50 Punta Argentiera, 220 m

Rundwanderung am Capo Argentiera

Dorfplatz – Punta Argentiera – Dorfplatz

Talort: Argentiera im Nordwesten der Insel, zwischen Capo Caccia und Capo del Falcone.
Ausgangspunkt: Dorfplatz, 19 m. Von Porto Tórres oder Sássari auf der geraden Verbindungsstrecke nach Capo Argentiera und bis zum Ende der Ortschaft.
Gehzeit: 2 Std.
Höhenunterschied: 250 m.
Anforderungen: Leichte Wanderung auf teils deutlichen Spuren, aber nicht markiert.
Einkehr und Unterkunft: In Porto Tórres, Sássari und Alghero Bars, Restaurants, Hotels. In Campanedda Agriturismo.
Variante: Punta Baddi Ozastru, 408 m. Auf deutlichem Pfad entlang der Klippen bis Rocchi de San Nicola. Am Felskopf links entlang und über einen Rücken zum höchsten Punkt. Von hier steigen wir auf einem breiten Weg zum oberen Ortsteil und gehen nach links (2,5 km Asphalt) zum Dorfplatz zurück. Gehzeit 2½ Std.

Die nordwestliche Ecke der Insel hat die schöne Landschaftsbezeichnung Nurra, benannt nach einer römischen Siedlung. Bedeutung hatte sie vor allem im letzten Jahrhundert wegen ihrer Blei-, Zink-, Eisen- und Silbervorkommen, die im großen Stil abgebaut wurden. Nicht nur mit seinem Namen erinnert Argentiera (= Silberbergwerk) an diese Zeit, auch zahlreiche brachliegende Bergwerke sind Zeugen der blühenden Vergangenheit.

Vom Dorfplatz führt, kurz vor dem Restaurant links, eine Asphaltstraße nach Norden hinauf. Bald verlassen wir diese Straße nach rechts und folgen einem breiten Weg bis zum **Bergwerk**. Daran vorbei und in westlicher Richtung bis ans Ende des breiten Weges (runder Platz). Wir biegen links in eine Senke hinab, steigen im rechten Arm eines Tälchens den Hang hinauf und gelangen auf einen breiten Weg. Auf diesem wenden wir uns nach rechts und steigen allmählich ab. An einer Rechtsabzweigung, die zum Meer hinabführt, gehen wir geradeaus, bis auch diese Piste endet. Von hier sehen wir vor uns das **Capo Argentiera**. Wir steigen nach links in ein kleines Tal, queren es und steigen auf Spuren den Gegenhang hoch, in südlicher Richtung. Wir kommen über eine Felsrippe. Aufgepaßt: Wir steigen den Hang nach links bis zu einigen Bäumen hinauf, den einzigen weit und breit. Unterhalb der Bäume halten wir uns links und kommen auf einen Pfad, der in südöstlicher Richtung entlang der steilen Klippen zur **Punta Argentiera** führt. Hier steht eine kreisförmiges Gebäude, wahrscheinlich aus dem letzten Krieg. Im Süden sehen wir auf den Golf, der sich zwischen Capo Argentiera und Capo Caccia erstreckt. Steile Felsen fallen zum Meer ab, Hunderte von kleinen Inseln ragen aus dem Wasser. Von hier, nördlich des Gipfels, steigen wir auf einem breiten Weg ab, der bald nahe an die Klippen heranführt und eine Linkskurve beschreibt (hier zweigt rechts ein deutlicher Pfad ab, siehe Variante). Wir gehen auf dem Hauptweg hinunter ins Tal, zu den Häusern und Bergwerksbauten, die wir bereits von oben sehen. Dieser Teil des Dorfes Argentiera wirkt geisterhaft wie eine verlassene Westernstadt.

Auf dem Weg zur Punta Argentiera.

Stichwortverzeichnis

Die Zahlen hinter den Begriffen geben die Seitenzahlen an.

Acquafredda 17, 21, 32, 34
Ales 56, 60
Alghéro 16, 17, 121, 138, 140
Arcu Gennargentu 86, 87
Argentiera **140**, 141
Arzachena 130

Bacu Maore **94**
Barbagia 14, 78, 79, 82, 84, 92, 104
Barúmini 55, 60
Baunei 88–98
Bolótana **74**, 75
Bortigali 72, 73
Bosa 54, 76, 77
Bruncu is Burras 52, 53
Bruncu Spina 86,
Budditorgiu 124–126

Cábras 64
Cagliari 11, 16–28, 34, 38, 71
Cagliari, Golf 20, 32
Cala Antonarieddu 26, 27
Cala Goloritzé 95, **96**, 97
Cala Gonone 15, 81, 95, 98–102, 106
Cala Luna 15, 81, **98**, **102**, 103
Cala Sisine 15, **98**
Calangiánus 11, 121, 128
Caletta Fuili 79, 98–103
Canali Mau 46, 47
Cantoniera Campuomu 22
Cantoniera Guzzurra 116
Cantoniera Janna 'e Rughe 116
Capo Caccia 15, 121, **138**–141
Capo Mannu, Torre 66, **68**, 69
Capo Monte Santu 95, 100
Capo San Marco 54, **64**, 65
Capo Spartivento **26**, 27
Capo Testa 2, 120, **134**–137
Capoterra 28
Carabidda 109
Castiadas 22, 23
Chia 26, 27
Cixerri-Graben 21, 32–35
Codula di Luna 81, 100–**102**
Corovau, Riu 34, 35
Cúglieri 64, 66, 70
Cuile d'us Piggius 90. 92
Cuile Sacedderano 98–100

Désulo 78, 79, 86
Domusnovas 34, 35, 38
Dorgali 15, 81, 98, 104–109

Ferraglione-Inseln 27
Flumendosa 13, 20, 78, 84, 85
Fluminimaggiore 36–40
Foṅni 79, 86
Forsthaus Mario Falchi 84
Fustiolau, Mitza 56, 59

Gallura 11, 72, 86, 117, 120–122, 125, 128, 130
Genn 'e Impi 46, 47
Genna Eidadi 48, 49
Genna Flore 50, 51
Genna Inter Montes 88
Genna Limpia 52, 53
Genna Strinta, Sentiero 28–30
Gennargentu 5, 10, 13, 15, 20, 40, 47, 51, 55, 59, 78–89, 109, 111, 128
Giara 15, 51, 55, 59, **60**–63
Gocéano 16, 54, 72, 75
Gola de Gorropu 81, **106**, 107
Golfo di Orosei 15, 81, 95, 97, 98, 102

Golgo 92–98
Gonnosfanádiga 44–48
Grotta Nettuno 121
Grotta Orgoi 112, 113
Grotta S. Giovanni 34, 38
Grotta sa Oche 104
Grotta su Mannau 36, 37, 40
Gúspini 46, 50, 52

Iglesias 34, 36

Jerzu 80, 82

Lanusei 84
Lula 81, 114–118
Lupiru, Badde 98–101

Maccione 104, 108–112
Macomér 54, 72–76
Maidopistal **24**, 25
Mandriola, Porto 68
Marghine 59, 72, 74
Mari Ermi 66, 67
Marina di Arbus 50, 52
Monte Albo **114**, **116**, **118**
Monte Arci 51, 55, **56**, 58
Monte Arcuentu 37, 40, 47, **50**, 51, **52**, 53
Monte Corongiu 'e Muvronis **40**
Monte Corrasi 15, 109, **110**, 111
Monte Entu **70**, 71
Monte Lattias 21, 29, **30**–33
Monte Lerno 72, **122**, 123
Monte Limbara 120–123, **128**, 129, 132
Monte Lisone **38**–42
Monte Maggiore **124**–127
Monte Nieddu **124**, **126**
Monte Oro 81, **88**, 89
Monte Pino **132**, 133
Monte sa Guardia Manna **26**, 27
Monte Santu Padre **72**, 73
Monte Tisiddu **82**, 83
Monte Tuttavista 81, 95, 109
Monte Vecchio 50, 52
Monte Zeparedda 60, 62
Montiferru 15, 54, 69, **70**–72, 75, 86
Muravera 21–24

Nuoro 76, 109, 114, 126
Nurra 121
Nurachi 64
Nuraghe Co 'e Serra 94
Nuraghe Orolo 73
Nuraghe Tintirriolus 73
Nurapolis, Campeggio 64, 66, 70

Ogliastra, Golf 82, 88–92
Ólbia 16, 120, 121, 124–134
Oliena 15, 81, 104, 108–112
Oristano 11, 39, 55, 64–68
Oristano, Golf 20, 21, 47, 50, 51, 54, 59, 64
Or Tu Camminu 108, 109
Ovile su Ergu 52, 53
Ozieri 122

Padiglioni-Inseln 27
Palau 128
Parete della Luna 136
Passo Diliconchi 129
Passo S. Anna 116, 118
Pattada, Lago, Tal 122, 123
Pau 56, 60
Paùli Gruxi 61
Paùli Maiori 63
Paùli Murdegu 61
Pedra Longa 89–93
Pepi Meloni 28–32
Perd'Asub 'e Pari 24, 25
Piscina Irgas 42–45
Pizzu Margiani Pobusa **84**, 85
Porto Quao 94, 95
Porto s'Uedda 66, 67
Porto Tórres 16, 121, 140

Priatu 132
Pula 21, 26, 28
Punta Balestreri 128, 129
Punta Cammedda **48**, 49
Punta Catirina **114**, 115, 117
Punta Cugnana 131
Punta Cupetti 117, **118**, 119
Punta Cusidore 8, 81, **112**, 113
Punta Diminerva 77
Punta Ferulargiu **116**, 117
Punta Giradili 19, **90**–93
Punta La Marmora 5, 78, 85, **86**–87
Punta Malrepos 138
Punta Palemonti **126**
Punta Paulinu 86, 87
Punta Perda de sa Mesa 43, **46**–49
Punta Piscina Irgas **42**, 43, **44**–45
Punta sa Ceraxa 23
Punta San Michele **34**
Punta Sos Nidos **108**, 109
Punta su Sciusciu 86, 87
Punta Tilamare 70, 71
Punta Zinnibiri Mannu 38, 39
Putzu Idu 66–68

Riola Sardo 64, 66
Riu Cannisoni, Tal 42, 43, 44
Riu Flumineddu, Tal 81, 105, 106
Riu Fronti Luas 38, 39
Riu Perda 'e Pibera 46, 48
Riu Perdu Melis 29
Riu Piras 46
Riu sa Duchessa, Tal 34, 35
Rocca Freari 71
Rocca Pischinale **76**, 77
Rocca sa Tiria 71

S'Architeddu, Ponte 66, 67
S. Giovanni di Sinis 64, 65
S. Giovanni, Höhle 34
S. Teodoro, Bucht 120, 124–127
Salamessi, Mitza 63
Salina Manna 68, 69
San Pantaleo, Türme 120, **130**
Santu Lussúrgiu 70
Sássari 16, 17, 54, 120, 121, 126, 140
Scala 'e Marras 111
Scala 'e Pradu 108–110
Scala di Sovana 112
Sennixeddu 56, 60
Serravalle, Burg 54, 77
Sette Fratelli **22**–25
Seui 79, 83, 84
Sinis 35, 51, 54, 60, 64, **66**, 145
Siniscóla 81, 114–118
Sos Ortis 108, 109
Sta. Maria Navarrese 15, 81, 88–90, 94, 98
Sta. Teresa di Gallura 120, 134
Su Gologone 81, 104, 112
Sulcis 14, 20, 21, 27, 28, 30, 35
Supramonte 14, 15, 75, 78–81, 86, 102, 104, 108–111, 114, 117, 123, 128, 132

Teletodes 102, 103
Telti 132
Temo, Brücke, Tal 54, 76, 77
Témpio di Antas 21, 36, 37
Témpio Pausania 121, 128, 132
Teulada, Capo 26, 27
Tharros 54, 64, 65
Tirso, Fiume 13, 55,
Tiscali **104**, 105
Tolovó, Tal 74
Torre della Pegna **138**, 139
Tuili 60, 62

Ulássai 82, 83

Villacidro 38, 42, 44, 46, 50

WWF, Oasi 28–31, 64, 65